VON NAZIS UND FORELLEN

Impressum

Die Deutsche Nationalbibliothek verzeichnet diese Publikation in der Deutschen Nationalbibliografie; detaillierte Daten sind im Internet über https://portal.dnb.de/ abrufbar.

Inh. Dr. Nora Pester
Capa-Haus
Jahnallee 61
04177 Leipzig
info@hentrichhentrich.de
www.hentrichhentrich.de

Redaktion: Anetta Kahane, Britta Kollberg, Martin Jander
Lektorat: Britta Kollberg
Korrektorat: Simon Raulf
Umschlag: Dominique André Kahane
Gestaltung: Michaela Weber
Druck: Winterwork, Borsdorf

Die Kolumnen erschienen zuerst in der Berliner Zeitung, in der Frankfurter Rundschau bzw. auf Belltower.News und wurden für diese Ausgabe leicht überarbeitet. Nachdruck mit freundlicher Genehmigung und Unterstützung der Berliner Verlag GmbH, der Frankfurter Rundschau GmbH und der Amadeu Antonio Stiftung.

1. Auflage 2024

Printed in Germany
ISBN 978-3-95565-670-6

Anetta Kahane

VON NAZIS UND FORELLEN

Kolumnen über die Reparatur der Welt

HENTRICH & HENTRICH

Inhalt

FÜR IDA

Vorwort

Es gibt Menschen, denen die Grausamkeit da draußen nichts anhaben kann, weil die Tür ihrer kleinen Welt so fest verschlossen ist, dass sie nichts davon wissen. Dann gibt es jene, die nichts davon wissen wollen, die mit einem Achselzucken „ja, furchtbar alles“ murmeln und das Bekenntnis, schon lange keine Nachrichten mehr zu sehen, für einen Ausdruck ihrer Sensibilität halten. Schließlich gibt es noch jene, die nur das eigene Leid sehen, nur den eigenen Schmerz fühlen. Und dann gibt es Menschen wie Anetta Kahane. Ihre Haut ist dünner. Sie können sich vor dem Grauen der Welt nicht schützen. Sie ertragen Unrecht nicht und können gar nicht anders, als sich einzumischen. Sie schreien auf und erinnern uns daran, dass wir unseren eigenen Teil dazu beitragen müssen, für mehr Recht und Menschlichkeit zu sorgen. Menschen wie sie sind Ruhestörer. Sie lassen uns einfach nicht in Ruhe, wenn wir wegschauen wollen, egal wo Unrecht passiert.

Anetta Kahane schreibt über Nazis in Ost oder West, über Islamisten in Deutschland oder im Nahen Osten, über die Verlierer des Brexit, im Mittelmeer ertrinkende Flüchtende, über Hass im Netz, über Reichsbürger, den Klimawandel, über Genozid in Armenien, Serbien und Ruanda und immer wieder über den Judenhass, egal von welcher Seite und in welcher Verkleidung er daherkommt. Sie findet Worte für das Unsägliche, die wir nicht überlesen können. Ihre Texte gehen uns unter die Haut, weil sie direkt und ehrlich sind. Menschen wie sie sind selten. Gäbe es mehr von ihnen, unsere Welt wäre eine bessere.

Es ist ein ungeheures Privileg, das eigene Leben in Ruhe und Frieden leben zu können. Vielen ist es nicht vergönnt, weil sie Opfer von Gewalt und Unterdrückung sind. Einigen wenigen ist es deshalb nicht möglich, weil sie Kälte und Bosheit wahrnehmen, auch wenn sie sie nicht selbst betreffen. Ihnen kriecht das Leid unter die Haut. Aus diesem Schmerz erwächst erst Wut und dann die Kraft, etwas dagegen zu unternehmen.

Zum Wichtigsten im Judentum gehört Tikkun Olam. Der Begriff bedeutet, Verantwortung zu übernehmen für die Reparatur der Welt. Anetta Kahane repariert an unserer Welt schon viele Jahrzehnte, sie gründete Projekte, baute eine wichtige Stiftung auf und beriet unzählige Menschen darin, was genau sie tun können gegen Nazis, Rassisten, Antisemiten oder Frauenhasser. Die Welt zu reparieren – das passt zu Anetta Kahane. Mit ihrer Arbeit inspirierte, förderte und unterstützte sie sehr viele engagierte Menschen. Ohne ihren Sinn für Verantwortung sähe es heute anders aus in Deutschland.

Außerdem kann sie schreiben. Auch das ist Teil ihres Kampfes gegen die sich rasant verbreitende Dummheit, die Weigerung, selbst zu denken und eigenständig zu handeln. Immer schneller dreht sich das Karussell, und seine Fliehkräfte schleudern selbst jene an den Rand, die sich in der Mitte unter vermeintlich Gleichgesinnten sicher aufgehoben fühlten. Die Wohlfühlwährung sind die Likes der eigenen Community. Wer sich jedoch, wie Anetta Kahane, der Vereinnahmung entzieht, zahlt einen hohen Preis. Auch das Leid der anderen wahrzunehmen, gilt jenen schnell als Verrat, die Selbstgerechtigkeit mit Moral verwechseln.

Um uns herum toben Kriege, die nach Positionierung verlangen. Der Angriff Russlands auf die Ukraine, der Überfall der Hamas auf Israel und das damit einhergehende Leid, das Generationen traumatisieren wird, lassen das Wegducken nicht länger zu. Angesichts der Brutalität, mit der sich der Hass austobt, werden die Reihen fest geschlossen. Schlechte Zeiten für Menschen, die für ihre Überzeugung einstehen. Menschen, die sich selbst nicht schonen. Menschen wie Anetta Kahane.

Als ich sie im September 1991 das erste Mal traf, standen wir umringt von Neonazis auf dem Marktplatz von Hoyerswerda. Sie war vom Runden Tisch zur Ausländerbeauftragten des Berliner Magistrats berufen worden. Nach den tagelangen Ausschreitungen eines rassistischen Mobs stand ich als Live-Reporterin des ARD-Brennpunkts neben ihr. Hoyerswerda war der Auftakt der rassistischen Exzesse der 90er Jahre. Noch aber traf uns aus dem Westen dieser „Volkszorn“ völlig unvorbereitet. Pfiffe, Schmährufe, die Reichskriegsflagge, und neben mir stand diese zarte Frau mit ihren roten Haaren und sagte mit fester Stimme in mein Mikrophon, dass sie dort stünde für all jene, die wollten, dass Ausländer sicher in Deutschland leben könnten. Das gellende Pfeifkonzert erschreckte sie, anders als mich, kaum. Sie kannte diese Melodie. Damit war sie aufgewachsen.

Früher als andere thematisierte Anetta Kahane Antisemitismus und Rassismus in Ostdeutschland und was sie mit der DDR zu tun haben. Und schon in einer ihrer ersten Kolumnen schrieb sie über die „antisemitischen Querfronten“, über den Judenhass von Links, von Rechts und in der Mitte, von Christen und Muslimen. Dafür ist sie aus allen Richtungen zur Zielscheibe geworden, wie kaum ein anderer.

Die hier gesammelten Kolumnen aus 16 Jahren zeigen dagegen vor allem eines: Anetta Kahane hat einen unverrückbaren moralischen Kompass und hat früher als die meisten vor der Bedrohung der Demokratie gewarnt. Sie ergreift Partei für Mitmenschlichkeit, für Gerechtigkeit, für Freiheit und Toleranz. Gerade weil sie aus eigener Erfahrung weiß, wie leicht Menschen sich verführen lassen, aus den richtigen Gründen das Falsche zu tun, verweigert sie sich dem schlichten linken Reflex, wonach die Schwachen stets die Guten sind. Ihre Texte sind dadurch anstößig im besten Sinne.

Denn es sind Denkanstöße, die uns unbequeme Wahrheiten zumuten und uns zwingen, selber zu denken. Denken, fühlen, handeln. Wenn wir unsere Demokratie erhalten wollen, werden wir sie verteidigen müssen. Dazu braucht es Menschen, die Leid nicht „kontextualisieren“, um es zu relativieren, wie wir es seit dem 7. Oktober 2023 erleben. Es braucht Menschen, die bereit sind, die Tür ihrer gemütlichen kleinen Welt weit zu öffnen, die wirklich verstehen wollen, statt immer nur den ausgefahrenen Wegen zu folgen, die wieder nur zu Projektionen und Hass führen. Gerade wenn es um Juden und um Israel geht. Nur wenige sind dabei so wortgewaltig wie Anetta Kahane. Es braucht Ruhestörer wie sie.

Der 7. Oktober hat die Welt auf den Kopf gestellt. Im Namen von Gerechtigkeit und Befreiung wird das größte Massaker an Juden seit dem Ende der Shoa gerechtfertigt. Vermeintliche Freiheitskämpfer, ja sogar frühere Bündnisgenossen idealisieren den Terror der Hamas und toben ihren Judenhass ungehindert aus. Rechts, links, Mitte und weiß oder schwarz – die alten Koordinaten stimmen nicht mehr. Kluge, empfindsame Menschen, Ruhestörer wie Anetta Kahane sind heute nötiger denn je.

Esther Schapira

Die drei Rabbiner

8. Oktober 2023 / 6. Mai 2024

Als auch die letzten Juden das Ghetto in Vilna in Richtung Tod verlassen hatten, betrachteten drei Rabbiner die grausame Szenerie der Leere. Die folgenden Tage und Nächte verbrachten sie mit Trauer und Gebeten. Am dritten Tag jedoch begannen sie eine Diskussion über die Auslegung der Schriften. Wie konnte G'tt das geschehen lassen, war ihre Frage.

Eine solche Diskussion ist schwer für Juden, denn das Böse als eine Kategorie, die gänzlich und vollkommen unabhängig und außerhalb dessen existiert, was das Göttliche ausmacht, ist für sie nur schwer vorstellbar. Denn auch das Göttliche kann nicht nur gut sein und das Leben eines jeden Menschen erst recht nicht. Den Juden geht es darum, der bestmögliche Mensch zu sein mitsamt seiner Widersprüchlichkeit und Ambivalenz. Da ist kein „Böses", das verführt, sondern die menschliche Verantwortung und Entscheidung nach bestmöglichem Wissen und Gewissen. Eine solche Art, zu leben und sich die Welt vorzustellen, ist schwer, vielleicht sogar schwerer als die Idee eines teuflischen Verführers. Denn sie verlangt von jedem und jeder, eine enorme Verantwortung zu übernehmen. Dieses Prinzip ist vielleicht das Menschlichste, was das Judentum hervorgebracht hat. Es setzt auf die Hoffnung in sich selbst. Sowohl bei G'tt als auch bei den Menschen sind Widersprüche, Fehler und sogar Verbrechen kein Grund zu verzweifeln, sondern immer nur Anlass zu zweifeln. Und sich dadurch weiterzuentwickeln. Verzweifeln verharrt. Des Zweifels Schmerz jedoch öffnet Wege. So heißt es.

Die drei Rabbiner zeigten sich gegenseitig Zitate und Geschichten, die ihnen helfen sollten, an diesem Gedanken festzuhalten. Doch wie soll das möglich sein an einem Ort, der so nach Tod riecht? Wie kann die Tatsache, dass G'tt hier machtlos war, im Angesicht von etwas, das nur als das Böse beschrieben werden kann, nicht als Versagen gewertet werden? Wo war seine Allmacht? Wo war seine Absicht? Die drei Rabbiner weinten dabei, und sie fühlten sich verloren wie noch nie zuvor. Ihr Streit wurde heftig, ihre Logik dabei aber immer präziser. Selbst ein widersprüchlicher G'tt kann solche Verbrechen gegen ihn und sein Volk nicht zulassen. Sie weinten und stritten die ganze Nacht. Die einzig mögliche Erklärung konnte nur sein, dass G'tt nicht existiert. Es gibt ihn einfach nicht. Die Dinge geschehen einfach, und die Menschen tun, was die Menschen eben so tun.

Vollkommen erschöpft, mit getrockneten Tränen im Gesicht und grau in ihrem Inneren schwiegen die drei schließlich und warteten auf den Morgen. Als der erste Sonnenstrahl über den Dächern von Vilna erschien, legte einer der Rabbiner seine Tfillin an und drehte sich mit einem Schwung in seinen Tallit. Er begann das Morgengebet. Die anderen beobachteten das Geschehen. Sie hätten doch nun bewiesen, dass G'tt nicht existiert, sagten sie. Wieso dann ein Morgengebet, fragten sie missmutig. Die Dinge geschähen halt, und die Menschen tun, was sie tun. Der betende Rabbiner hielt inne und fragte zurück, ob es das sei, was sie wollen – die Dinge geschehen lassen. Ohne Gewissen, ohne Verantwortung und ohne Widersprüche.

Die beiden Rabbiner sahen sich an, und so begannen sie auch, sich langsam die Tfillin anzulegen und den Tallit überzuwerfen. Für den Tag nach der Trauer.

2009

Gedenken im Land der Zuständigkeiten

27. Januar 2009

Deutschland ist für vieles in der Welt berühmt: für die Dichter und Denker, die Richter und Henker, für Pünktlichkeit, Ordnung und Wertarbeit, für einen gewissen Mangel an Humor auf eigene statt auf fremde Kosten und für das, was man in Verwaltungskreisen Zuständigkeitsdenken nennt. So jedenfalls wird mir draußen in der Welt das Bild von Deutschland gespiegelt. Der Dichter Friedrich Hölderlin sah die Deutschen als ein zerrissenes Volk, als Menschen, die sich jeweils in ihren Teilen erleben, in Stücken und in ihrem Blut, fern von Leben und Lebendigkeit. Zuständig eben oder nicht zuständig, kein Blick darüber hinaus, kein Schritt außerhalb des Gemessenen. Kein Ich ohne strikte Definition der eigenen Rolle. Jegliches hat seinen Platz.

Heute ist der Holocaustgedenktag. Er wurde auf den 27. Januar festgesetzt, jenes Datum, an dem die Mordfabrik Auschwitz befreit wurde. Wenn je etwas so zerstückelt im Blute lag, um das Unmenschsein anzuklagen, dann die Toten der deutschen Vernichtung. Ihr Lebensblut ist nicht im Sand zerronnen, sondern durch die Öfen verdampft. Und deutsche Handwerker, Denker, Priester, Herren und auch Knechte, junge und gesetzte Leute sahen dabei zu. Sie machten es möglich, viele halfen dabei und bereicherten sich daran auch noch. Nun, heute wird der Ermordeten gedacht, friedlich und mit Worten der nachhallenden Erschütterung um die toten Juden aus Deutschland und ganz Europa. Für den würdevollen Ablauf dieses Rituals, einschließlich der Mahnung vor neuem Antisemitismus, ist die Politik zuständig. Die Warnung vor Antisemitismus jedoch erstarrt im Zelebrieren, wenn sie sich nicht über ihre Zuständigkeit hinausbewegt.

Was sich in den letzten Wochen in Deutschland abgespielt hat, gehört in andere Ressorts. Für den 27. Januar hatten rechtsextreme freie Kräfte und die NPD in Berlin und Zossen Mahnwachen angemeldet, um der Opfer des „Holocaust in Gaza“ zu gedenken. Vor der Synagoge in der Berliner Oranienburger Straße ging tagelang ein junger Mann auf und ab. Auf dem Schild, das er hochhielt, stand: „Israel is the land of Monsters“. Er spazierte vor der Synagoge, die einst der ganze Stolz des aufgeklärten und angepassten deutschen Judentums war, und nicht etwa vor der israelischen Botschaft.

Das war etwa zur gleichen Zeit, als samstags eine „Friedensdemonstration“ der nächsten folgte. Tausende Menschen liefen durch die Zentren deutscher Städte, um gegen Israel zu protestieren. Doch statt die Toten zu beklagen oder gar um sie zu trauern, übertrafen sich die Ideologen gegenseitig im Hass gegen Israel und die Juden. Islamistische Fundamentalisten, die nach einem Gottesstaat schrien, liefen, vorbildlich ins Große und Ganze integriert, neben friedensbewegten Linken (die sich sonst nach meiner Erfahrung meist herzlich wenig um die Menschen mit Migrationshintergrund scheren), die Vertreter der PKK neben ihren Todfeinden, den rechten, nationalistischen Grauen Wölfen, diese wieder neben vielen bürgerlichen Deutschen, die säkularen Palästinenser von der PLO neben Mitgliedern der Hamas, die gerade in Gaza ihre Freunde von der Fatah massakrieren. Da war die Bunte Republik Deutschland, an der wir so hart arbeiten, mit einem Mal. Auf Plakaten wurden die Deutschen aufgefordert, endlich ihren Schuldkomplex wegen der ermordeten Juden abzulegen. Hysterisch schreiende junge Frauen streckten blutige Puppen in die Höhe, um so der alten Losung vom jüdischen Ritualmord an unschuldigen Kindern neue Kraft zu geben.

Das alles ist nicht neu, schon früher hatten sich ähnliche Allianzen gezeigt, wenn es darum ging, das eigene Problem mit den Juden über Umwege auszudrücken. Psychologen arbeiten manchmal mit dem Mittel der freien Assoziation, um herauszufinden, mit welchen gängigen oder kranken Phantasien sich ein Patient beschäftigt. Dem Probanden werden Bilder mit Klecksen gezeigt oder Wörter gesagt, zu denen er seine Vorstellungen und Gefühle äußern soll, also das, was ihm unweigerlich und unmittelbar in den

Sinn kommt. Die Idee dabei ist, durch solche projektiven Tests etwas näher an die wirklichen Konflikte und tiefen Emotionen eines Menschen heranzukommen, besonders dann, wenn er sich gut hinter Sätzen und Behauptungen zu verbergen vermag. Außerhalb der Behandlungsstuben, in der Realität sozusagen, kann man solche Assoziationsketten auch beobachten.

Neu ist das Direkte und ganz Unverkrampfte dieser Assoziationen. Bei einem der Demonstrationszüge für Gaza stand ich am Straßenrand und sprach mit meiner Kollegin, die gerade von militanten Islamisten bedroht worden war. Da löste sich aus der Menge ein Mann, in gesetztem Alter (und ganz ohne Migrationshintergrund), kam auf mich zu und sprach mich mit meinem Namen an. Er regte sich furchtbar auf und schnappte nach Luft vor Empörung und hielt mich bei Folgendem offenbar für zuständig: Israel wäre der schlimmste Verbrecher in der Welt, sagte er, und die größte Bedrohung überhaupt. Ich solle jetzt sofort einstimmen in die „Kindermörder!"-Schreie. Sofort. Und als ich verwundert den Kopf schüttelte, pumpte er sich noch einmal auf und rang um Worte, um sie mir so richtig um die Ohren zu hauen. Er brüllte stammelnd: „Juden sind, Juden sind, Juden sind ... Scheiße!" Das war schon sehr komisch, und dennoch hat der Mann, der sich später als stadtbekannter Holocaustleugner herausstellte, gerade noch die Kurve gekriegt und trotzdem den projektiven Test mit höchster Punktzahl bestanden.

Gehört also Israelkritik zum Antisemitismus? Die jungen Leute von der Berliner Antifa, die am Abend vor dieser Demo auf einer Party zugunsten der Hamas einen Sprengstoffgürtel versteigert hatten, als Attrappe natürlich, sehen das gewiss nicht so, auch nicht jene linken deutschen Frauen, die ihr Verständnis für die Lage der Menschenrechte in Gaza, vermutlich vor allem die der Frauen dort, mit dem Tragen eines engen Kopftuchs kundtaten. Was aber, wenn nun die NPD unter dem Slogan „Kein Holocaust in Gaza!" an diesem Gedenktag zum Mahnen und Gedenken aufruft? Wer ist da zuständig? Die Antifa? Wird sie den Nazis den ersteigerten Sprengstoffgürtel schenken oder damit nach ihnen werfen?

Was also tun mit diesem Tag der Erinnerung? Hölderlin, der große deutsche Dichter, sagte lange vor dem Holocaust: „Es ist ein hartes Wort und dennoch sag ich's, weil es Wahrheit ist: ich kann kein Volk mir denken, das zerrißner wäre, wie die Deutschen. Handwerker siehst du, aber keine Menschen, Denker, aber keine Menschen, Priester, aber keine Menschen, Herrn und Knechte, Jungen und gesetzte Leute, aber keine Menschen – ist das nicht, wie ein Schlachtfeld, wo Hände und Arme und alle Glieder zerstückelt untereinander liegen, indessen das vergoßne Lebensblut im Sande zerrinnt?"

Mit den echten Menschen, den Opfern, hat das alles nichts zu tun. Weder mit denen in Auschwitz noch mit denen in Gaza. Lasst uns doch einfach um sie trauern.

Das Durban-Syndrom

24. April 2009

Die Durban Review Conference in Genf ist vorbei. Nach allem, was dort geschehen ist, war es auch im Nachhinein gesehen richtig, dass Deutschland an dieser Veranstaltung der Vereinten Nationen gegen Rassismus nicht teilgenommen hat. Es gab viele Argumente für einen Boykott und etliche dagegen, doch im Grunde drehten sich die meisten Streitfragen in dieser Angelegenheit um die Symptome einer internationalen Auseinandersetzung und nicht um deren Kern.

Was symbolisiert der Streit um Israel?

Das Symptom: Ist es richtig oder falsch, antisemitisch oder legitim, Israel und seine jüdische Lobby weltweit als das Symbol von Menschenrechtsverletzungen schlechthin hervorzuheben? Und rechtfertigt die entsprechende Antwort die Entscheidung, an der Konferenz teilzunehmen oder ihr fernzubleiben? Dient oder schadet die Entscheidung am Ende den Opfern von Rassismus und Diskriminierung überall auf der Welt? Die UN-Hochkommissarin der Menschenrechte, Navi Pillay, fragte enttäuscht, ob denn wegen der Interessen eines Landes (Israel) das gesamte weltweite Bemühen, gegen Rassismus vorzugehen, behindert werden sollte, wo doch das Abschlussdokument vergleichsweise „harmlos" sei. Damit kommen wir direkt auf die Frage des Verhältnisses von Universalismus zu Partikularismus – gerade und besonders, wenn es um antisemitische Stimmungen geht.

Verschieden Verfolgte?

Die Antwort darauf ist wichtig, um auf den Kern der Auseinandersetzung rund um die Durban-Konferenzen zu kommen. Heute ernsthaft Rassismus bekämpfen zu wollen ist unmöglich, ohne gleichzeitig Antisemitismus ebenso entschieden abzulehnen. Umgekehrt gilt das übrigens als Selbstverständlichkeit. Es wäre ein Widerspruch in sich, die Bedrohung, Verfolgung und Diskriminierung der einen moralisch zu verurteilen und politisch zu bekämpfen, die der anderen aber billigend in Kauf zu nehmen, so wie es neben dem iranischen Ahmadinedschad auch viele andere tun. So gesehen steht den Juden der gleiche Schutz zu wie anderen Minderheiten auch; in dem Fall ist Antisemitismus sehr wohl eine Form von Rassismus.

Antiwestliche Ideologie für viele Gegner

Aber eben nicht nur. Antisemitismus war und ist sehr viel mehr als das: Er ist eine Gesellschaftstheorie, die sich gegen die Moderne richtet; eine Pathologie, die dämonisiert und personalisiert, was bedrohlich komplex erscheint. Und was kann bedrohlicher und komplexer sein als die Freiheit der Individuen in einer offenen und womöglich noch globalisierten Gesellschaft? Antisemitismus heute bedroht nicht nur konkret Personen rund um den Globus oder gar die Bevölkerung eines ganzen Landes, selbst wenn es „nur" Israel ist – er stellt den Hass und Zweifel dar, der sich mit den westlichen Demokratien in ihrer ganzen Widersprüchlichkeit verbindet. Eine antiwestliche Ideologie also, die Gruppen miteinander vereint, die unterschiedlicher nicht sein können: emanzipatorische Kritikerinnen am westlichen System und die miesesten religiös motivierten Frauenschlächter, Nationalisten und Internationalisten, Friedenskämpfer und Kriegstreiber, ja sogar Rassisten und Antirassisten, um nur einige zu nennen. Das ist das Durban-Syndrom – hervorgegangen aus ebenjener Melange aus antirassistischen, antiwestlichen und israelfeindlichen Haltungen.

Auf die Weise lässt sich die Vieldeutigkeit einer Stimmung beschreiben, die international – also auch in der UNO – im Begriff ist, sich eine neue Welterklärung zu basteln.

Die Welt ist nicht mehr eindeutig

Eine neue Welterklärung? Der Antisemitismus ist natürlich nicht neu. Doch neu sind das Erstaunen und der Schreck, den 2001 die Ereignisse von Durban auslösten. Wieso eigentlich? Bereits in den 70er und 80er Jahren hatte es ähnliche Debatten im Rahmen der UN-Antirassismuskonferenzen gegeben. Doch damals war die Welt noch in Ordnung. Es gab den Ostblock und die nicht-paktgebundenen Staaten auf der einen und die westlichen Demokratien auf der anderen Seite, und allen war klar, dass dies eine ideologische Schlacht ist, deren Gehalt man nicht zu ernst nehmen dürfe. Die wenigsten konnten sich vorstellen, dass die sozialistischen Länder nicht nur pro forma, sondern ganz wirklich antisemitisch ticken. Zwar war der linke Antisemitismus schon bekannt, aber dem moralisch hehren Sozialismus sollte das nicht unterstellt werden. Im Jahr 2001 war der Ostblock gerade zehn Jahre verschwunden. Und wahrscheinlich gingen alle davon aus, dass damit auch das alles überstrahlende Blockdenken und der ideologisch aufgeladene Antizionismus irgendwie verschwunden wären. Nun, die Mauer war weg und mit ihr die Orientierung, die sie bot. Nicht aber der Antisemitismus in seiner ganzen Hässlichkeit. Die Überraschung von Durban war, dass dies eine Überraschung war. Und auch sie gehört zum Durban-Syndrom.

Um Rassismus ging es bisher nicht wirklich

Die universalen Menschenrechte sind ohne den Kampf gegen Rassismus nicht vorstellbar. Der Sozialismus und die Linke haben zwar immer wieder versucht, beides voneinander zu trennen und so zu tun, als gäbe es ein Leben ohne Rassismus in einer Gesellschaft ohne individuelle Freiheit und demokratische Alltagskultur, doch blieb dies immer hohl, verlogen und deklamatorisch. Die Auseinandersetzungen der Blöcke um Menschenrechtsfragen hatte deshalb eine immense Bedeutung. Erinnern wir uns: Die KSZE mit dem Prozess von Helsinki hat es möglich gemacht, dass Menschenrechtsgruppen in den Ostblockländern überhaupt entstehen konnten. Über Menschenrechte zu reden war die Aufgabe jedes westlichen Politikers, der in den Osten reiste. Im sozialistischen Sprachgebrauch hieß das „imperialistische Menschenrechtsdemagogie“. Gewiss ging es damals, vor dem Fall der Mauer, von westlicher Seite mehr um Presse- und Meinungsfreiheit und um Freizügigkeit als um Rassismus. Doch mit dem Rassismusvorwurf gegen den Westen wurde von östlicher Seite immer wieder gekontert. Die Synonyme dafür waren die Diskriminierung der Schwarzen in den USA, Südafrikas Apartheid und natürlich Israel. Doch im Grunde blieb die echte Rassismusbekämpfung in der Auseinandersetzung der politischen Blöcke eher unwichtig.

Chancen vertan

In Durban schien es anfangs ganz anders zu sein. Befreit von Pathos und Demagogie des Ost-West-Konflikts hätte es zum ersten Mal tatsächlich um Rassismus gehen können, denn kein Land auf der Welt ist frei davon. Doch es stellte sich schnell heraus: Der Kalte Krieg mochte vorbei sein, die Abwehr demokratischer Freiheitsrechte, der Hass auf den Westen jedoch keineswegs. Natürlich ist der Westen daran nicht unschuldig. Selbstverständlich treffen auf ihn die Vorwürfe des Missbrauchs seiner Macht zu. Gewiss steckt Rassismus im Umgang des Westens mit anderen Staaten oder eigenen Minderheiten. Zweifelsohne klaffen zwischen seinem Anspruch und der Wirklichkeit schreckliche Lücken. Doch weshalb musste es ausgerechnet Antisemitismus sein, durch den jede Zumutung beantwortet wird? Vermutlich weil es schon immer so war und es keinen Grund gibt, eine so gut eingeführte und über Jahrhunderte bewährte Tradition zu verändern.

Menschenrechte und die Bekämpfung von Rassismus lassen sich nicht trennen

Nach dem Schock von Durban und dem des 11. September aber sollte sich der Westen besinnen. Spätestens jetzt, bei der Antirassismuskonferenz in Genf, ist es höchste Zeit, den Kampf gegen Rassismus als einen Kampf um Gleichwertigkeit und Menschenrechte ernst zu nehmen. Der Westen hat im Grunde den Rassismus als eine Art „Gedöns" betrachtet, mit dem man sich am Rande auch mal beschäftigen muss, wenn Opfer und ihre NGOs zu viel Theater machen. Das ist nicht nur moralisch verwerflich, es ist auch politisch falsch. Rassismus und Menschenrechte kann man nicht trennen. Im Angesicht neuer und alter Ideologien, die den Individuen jede Gleichwertigkeit absprechen, ist der Kampf um Menschenrechte das einzig übriggebliebene Instrument des Westens, mit dem es gegen Mullah-Regimes, Despotien oder Diktaturen noch überzeugend sein kann. Wirtschaftlich haben auch die anderen Kraft und Macht entwickelt. Wenn Demokratien ein positives Beispiel bleiben sollen, müssen sie Rassismus bekämpfen. Und Menschenrechte einfordern.

Der Westen muss sich an die eigenen Spielregeln halten

Das aber geht nur, wenn die Forderungen vom Westen selbst eingehalten werden. Ein lascher Nationaler Aktionsplan gegen Rassismus, wie ihn die Bundesregierung anlässlich der Genfer Konferenz vorgelegt hatte, reicht in keiner Weise aus. Die Forderung nach Menschenrechten hat zum Fall der Mauer beigetragen. Wer heute überzeugen will, muss sich mit Rassismus auseinandersetzen. Nicht zufällig, weil da eine UNO-Konferenz ist, sondern weil es politisch gewollt, praktisch gelebt und strategisch vorgebracht wird. Und das an vorderster Stelle und nicht als Nebenproblem. Dann lohnt es auch, in der UN entsprechend aufzutreten.

Manche mögen spotten über die Genfer Konferenz, und dafür gibt es jede Menge Gründe; andere bedauern, dass Deutschland nicht teilnahm, wegen verpasster Chancen, mehr gegen Rassismus tun zu können. Beides hat irgendwie eine Berechtigung. Doch solange Menschenrechte und Antirassismus nicht zur Chefsache des Westens werden, ändert sich nicht viel und das Durban-Syndrom wird immer wieder zu antiwestlichem und antisemitischem Schluckauf führen. Und wir können nur hoffen, dass die Welt mit ihrem atomaren Potenzial daran nicht erstickt.

2010

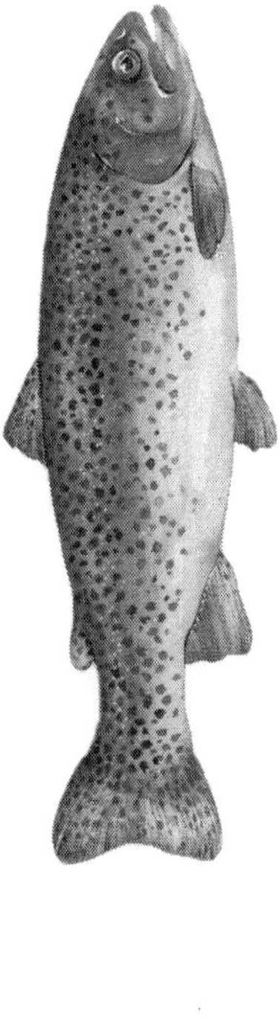

Antisemitische Querfronten

16. Januar 2010

Längst müsste sich das Thema Antisemitismus erledigt haben. Denn das, was seit Jahrhunderten an Juden verhasst war, ihre auf ständigem Lernen beruhende intellektuelle und räumliche Beweglichkeit, ihre pragmatische Nähe zum Leben und zur Menschlichkeit, ihre Eigenverantwortung als Individuen, bis in tiefste Religiosität hinein, und ihr Kosmopolitismus sind längst zur Alltagskultur, gar zur Lebensbedingung in der globalisierten Welt geworden. Die Moderne schätzt, ja fordert die Dinge, für die Juden gehasst wurden. Aber Antisemitismus hatte nie etwas zu tun mit dem konkreten Verhalten von jüdischen Personen; nichts, was sie taten, konnte den Hass verhindern. Erstaunlich, aber: Je mehr moderne Gesellschaften selbst gezwungen waren, flexibel, global und pragmatisch zu handeln, desto heftiger wurde der Antisemitismus, der sich aus Beweglichkeit und Kosmopolitismus speiste.

Gewiss, der Holocaust ist damit allein nicht zu erklären, doch bildete er den vorläufigen Höhepunkt des Judenhasses. Heute ist die Welt ein globales Dorf. Hat sich der Antisemitismus dabei verändert? Was ist geschehen in den vergangenen Jahren? Hier, vor der Haustür?

Vor wenigen Jahren wurden die Juden noch verschämt „Deutsche jüdischen Glaubens" genannt, der Antisemitismus fühlte sich anders an als heute. Es war die Zeit nach dem 11. September 2001, zu Beginn des Irakkriegs und einer Kontroverse um Israel. Kaum eine Gesprächsrunde kam ohne Aggressivität gegenüber den Juden, der „Israel-Lobby", ihrer Rolle bei den Neocons, an der Wall Street oder in den Medien aus. Die alte Figur des jüdisch-kapitalistisch-imperialistischen Drahtziehers, der zwischen den USA und Israel voll Bosheit Völker (wie das palästinensische) unterdrückt, trat wieder ans Tageslicht, gelegentlich beglaubigt von jüdischen Kronzeugen.

Und heute? Der Antisemitismus ist auf Wanderschaft gegangen. Zuerst wurde er ganz rechts identifiziert. Das war einfach. Dann eroberte er die Mitte. Derzeit erkennt man zunehmend den linken Antisemitismus. Niemand staunt, wie sich zwischen antiimperialistischen Linken und Anhängern von Hamas und Hisbollah eine Querfront gemeinsamen Judenhasses aufgebaut hat; die Rechtsextremen beteiligen sich gern. Ihr antiimperialistischer und antisemitischer Impetus ist von dem vieler jener Linken und dem der Islamisten kaum unterscheidbar. Selbst die taktische Abgrenzung voneinander ist fast verschwunden. Gemeinsam kesseln sie die Mitte ein und beeinflussen den Mainstream.

Auf der anderen Seite kämpfen die Freunde Israels mit teils harten Bandagen gegen Antisemitismus – und gegen den Islam. Hier entstehen unter dem Banner klischeehafter Islamfeindlichkeit ebenfalls ungute Querfronten. Auf diese Weise erblüht wieder die gescheiterte dumme Idee: „Wir ignorieren die Migranten so lange, bis sie zum Problem werden, und verlangen dann, dass sie verschwinden." Nur wird jetzt der Islam vorgeschoben und islamischer Antisemitismus.

Viele Akteure haben sich also ein Bild gemacht, eine ideologische Position bezogen. Es gibt ausreichend Anlässe, Konferenzen, Kommissionen, um die Positionen auszutauschen, einschließlich der, eine Parallelität zwischen Antisemitismus und der sogenannten Islamophobie zu erfinden, wie es Wolfgang Benz vom Zentrum für Antisemitismus tat.

Vom realen Antisemitismus ist allerdings kaum mehr die Rede, allenfalls von seinen Deutungen. Alle verharren schweigend im Reden. Doch er ist da, wie immer, dieser Antisemitismus aus dem Gefühl. Berliner Jugendliche, ob mit oder ohne Migrationshintergrund, schweigen nicht. Nur ihr Umfeld tut es. Unter Hunderten Angeboten zur Lehrerfortbildung beschäftigt sich kein einziges mit aktuellem Antisemitismus. Woran liegt diese Ignoranz? An Ratlosigkeit, die noch am Holocaust hängt? Vielleicht jedoch fehlt genau das, was immer fehlte: das jüdische Verhalten aller, die Idee und die Haltung einer lernenden Beweglichkeit, eine pragmatische

Nähe zum Leben und zu realer Menschlichkeit, Eigenverantwortung und ein Kosmopolitismus, der ein- und nicht ausschließt. An dem globalen Ort Deutschland.

Über Nazis und Forellen

29. März 2010

Eine in Deutschland quer durch die Gesellschaft getragene These zu den Ursachen für Rechtsextremismus lautet: Das liegt alles an der Arbeitslosigkeit und den krassen sozialen Unterschieden. Wenn es an etwas mangelt, wie an Arbeitsplätzen, oder etwas zu groß ist, wie die Kluft zwischen Arm und Reich, dann sei es kein Wunder, dass es so viele Neonazis gebe. Menschen gingen in einer solchen Lage natürlich rechten Verführern oder Rattenfängern auf den Leim. „Das beste Programm gegen Rechtsextremismus ist Vollbeschäftigung", so brachte es sogar Guido Westerwelle auf den Punkt. Diesen Satz hätten auch Vertreter aller anderen Parteien sagen können. Er gehört einfach zu den unumstößlichen deutschen Gewissheiten, die mir gerade wieder in einer Diskussion über steigende Zahlen rechtsextremer Gewaltstraftaten entgegengehalten wurden. Was wie eine Erklärung klingt, ist doch nichts weiter als eine tief in der Geschichte verwurzelte Rechtfertigung. Krise und Arbeitslosigkeit hätten 1933 die Machtübernahme ermöglicht, heißt es nach wie vor in Deutschland. Die DDR fügte ergänzend hinzu, dies sei nur mithilfe des Finanzkapitals zustande gekommen.

Wenn die Leute in England arbeitslos werden, sagte mir neulich ein Brite, dann ginge es den Forellen an den Kragen. Weil die Leute nämlich angeln gingen. Wenn Deutsche in die Krise geraten, dann werden sie böse und jagen Einwanderer. Das war immer schon so. Deshalb lautet die rasche Antwort auf das Problem Rechtsextremismus auch heute: Arbeit und Gemeinschaft. Die Gesellschaft darf auf keinen Fall zu viele Unterschiede produzieren. Also muss, so die weit verbreitete Haltung, der Staat für Arbeit sorgen und Differenzen zwischen sozialen, ethnischen oder kulturellen Gruppen ausgleichen. Alles andere sei eine Zumutung und könnte durch Menschenjagd geahndet werden.

Gewalt, Antisemitismus und Rassismus sind demnach vor allem ein Schrei aufgrund eines Mangels an Gleichheit, den es zu beseitigen gilt? Damit unsere Nazis nicht verrücktspielen? Also gleicher Lebensstandard für alle und weg mit provokanten Unterschieden? Wenn sie dennoch rassistisch bleiben, verbieten wir einfach ihre Organisationen? Das ist ein totalitärer Gedanke. Das hat schon mal nicht funktioniert. Selbst wenn es so wäre – weshalb erklärt man Gewalt von Linksextremen und Migranten nicht auch mit sozialem Elend? Würden sie weniger Autos demolieren, Steine schmeißen und Hamas loben, wenn alle gleich wären? Oder gäbe es keinen Antisemitismus mehr unter muslimischen Einwanderern, weil es ihnen hier besser geht als zum Beispiel im Libanon?

Die These kann nicht stimmen. Aus allen Studien geht hervor: Es liegt nicht am Mangel in sozialen Dingen. Dann würde es in deutlich ärmeren Ländern auch deutlich mehr Nazis geben. Es ist kein soziales, sondern ein kulturelles Problem. Es liegt am Neid und dem noch immer enorm starken Hang zum Homogenen. Deutschland mangelt es an etwas anderem: an einer Art persönlicher Lebensfreude, an der Fähigkeit, Unterschiede auszuhalten, sie als Herausforderung zu sehen und den Zorn über Missstände dahin zu lenken, wo er hingehört: auf reale politische Konflikte, wie auch immer die aussehen. Oder auf Regenbogenforellen. Meinetwegen auch das.

Feine Antiimperialisten

28. Juni 2010

Zu den Vorteilen mancher Ideologien gehört es, dass sie einem das genaue Hinschauen ersparen. In diesem Sinne gibt es praktische und unpraktische Weltsichten. Unpraktisch sind solche, in denen Empathie für Menschen und deren Rechte universell sind: Sie verlangen zu prüfen, ob Frauen, Kinder oder Minderheiten vor Unterwerfung, Rassismus, Missbrauch, Ausbeutung oder Mord wirklich geschützt sind. Praktischer ist die Weltsicht des Antiimperialismus, wobei das Imperium immer USA heißt – und Israel natürlich. Zwar agieren auch Russland oder China imperial; Russland aber, so sagt der Antiimperialist, handle interessenorientiert, wie in Georgien, Tschetschenien oder Mittelasien. Im Kampf gegen den wahren Feind „US-Imperialismus" darf und soll man sich mit allen verbünden, ganz gleich wie reaktionär oder menschenverachtend diese Bündnispartner auch sein mögen.

So erdachte es Lenin; so wird es heute durchgezogen. Antiimperialismus ist sehr populär geworden, weit über seinen linken Ursprung hinaus. Den Antiimperialisten interessiert nur seine eigene Idee, seine Projektion auf die Welt. Die Menschen, deren Rechte er oder sie zu verteidigen vorgibt, sind bestenfalls moralische Munition gegen den Feind. Verstoßen die Verbündeten dieses Antiimperialismus gegen jedes emanzipatorische Prinzip des Antiimperialisten selbst, wird das ausgeblendet. Wie gehen die Verbündeten mit „ihren eigenen Leuten" – Schwarzen, Asiaten, Türken, Frauen – um? Respektieren die Partner „ihre" Minderheiten? Werden Frauen wie Menschen behandelt, Kinder vor Misshandlung geschützt? Kein Thema. Dieses Messen mit zweierlei Maß ist kalt und rassistisch.

Bringen die Antiimperialisten in ihrem Engagement für Gaza den Menschen dort wirklich und echt Interesse entgegen? Ich bezweifle das. Wie ist es sonst möglich, dass sich die Linken-Abgeordneten Annette Groth und Inge Höger auf einem Schiff der Gaza-Flottille von ihren männlichen Freunden abends auf dem „Frauendeck" einschließen ließen? Diese Frauen, die in Deutschland jedes Substantiv feminisieren, reisten im Namen des Antiimperialismus mit Leuten türkisch-islamistischer Organisationen – Frauenfeinden, Schwulenkillern, Antisemiten. Haben sich Linke von Dschihadisten aus Naivität instrumentalisieren lassen? Nein.

Die Gleichgültigkeit der deutschen Flottilleros lässt eher vermuten, dass sie ihrerseits die islamistischen Menschenrechtsverletzer benutzt haben: gegen den Imperialismus, wie sie ihn verstehen, gegen Israel und natürlich gegen die Juden, die ihre Geschichtslektion nicht gelernt haben.

Sie sortieren Menschen in solche, denen Rechte zugesprochen werden, weil es ideologisch passt, und solche, die man übergehen darf. Ich streite mich lieber leidenschaftlich mit Volid, einem Vertreter der Palästinenser in Berlin, oder mit Conchita von einer Initiative gegen Rassismus über den Nahostkonflikt, als mich der Kälte deutscher Antiimperialisten auszusetzen. Diese weisen uns Angehörigen einer Minderheit in Deutschland einen Platz weiter oben beziehungsweise unten auf der Prioritätenliste der Menschenrechte zu – wie einst ihre Großeltern, als die sich noch Herrenmenschen nannten. Am liebsten haben sie es, wenn sich Türken oder Araber mit Juden vor ihnen, den deutschen Antiimperialisten, fetzen.

Und die machen dann den Schiedsrichter – na, vielen Dank!

Die Abwehr steht

12. Juli 2010

Game over, es ist geschafft. Der Fußballsommer liegt hinter uns. Deutschland wurde Dritter. Immerhin. Dank an Jogi Löw, Dank an die Mannschaft – ihr habt Deutschland zu einem neuen, sympathischen, multikulturellen Image verholfen. Jugendliche Spielfreude statt Panzerfahren – das hat die Welt begeistert. Und schaut euch die Spieler an, sie sind das neue Deutschland: Müller neben Özil, Schweinsteiger neben Boateng. Deutschland ist nicht mehr nur weiß, und das funktioniert besser, als es sich die meisten „Biodeutschen" je vorstellen konnten. Wir sind angekommen in der bunten Realität dieses Landes, endlich! Spanien feiert in Rot-Gelb, Holland in Orange, Uruguay in Blau-Weiß und Deutschland in Schwarz-Rot-Gold. Diese drei Farben stehen für uns alle.

Mich zog es bei jedem Deutschlandspiel zum besten Falafel-Laden der Welt in Berlin-Mitte. Dort feierten meine Nachbarn und arabischen Freunde, die größten Patrioten überhaupt. Brasilianische Mädchen mit Vuvuzelas in Schwarz-Rot-Gold, Berliner Türken mit dreifarbigen Gesichtern. Die Vietnamesen im Kiosk stürmten bei jedem Tor von Klose & Co. auf die Straße. Das hat mir gefallen. Das war wirklich und ganz ehrlich unverkrampft. Die Nazis hatten dagegen eine schwere Zeit, sie maulten über jeden Erfolg und noch mehr über jeden Misserfolg der Mannschaft – das Team war ihnen nicht „arisch" genug. Und dann die vielen Menschen in Schwarz-Rot-Gold, eine Inflation des Nationalen – aber nicht ernst genug gemeint nach dem Geschmack der Nazis. Außerdem durften sie nicht mehr unterscheiden, wer dazu gehört und wer nicht. Da waren die Nazis gründlich beleidigt. Wohl auch deshalb wurden immer wieder Reichskriegsflagge und Hitler-Gruß gezeigt.

Dennoch: Was bleiben wird, ist das Bild von einem Deutschland, das seine Vergangenheit hinter sich gelassen hat und dies nun auch mit der „gelungenen Integration von Spielern mit ausländischen Wurzeln" belegen kann. Doch mein Gefühl bleibt skeptisch, bestenfalls zwiespältig. Denn in der Wahrheit dieses Bildes steckt auch seine Lüge. Deutschland geht noch immer miserabel mit seinen Einwanderern um, wie der jüngste Integrationsbericht der Bundesregierung zeigt. Kinder aus Einwandererfamilien stoßen noch immer auf zu viele Hindernisse bei ihrem Aufstieg. Sie werden nicht genug gefördert, zu schnell ausgegrenzt, sind ganz banalem, verstörendem Alltagsrassismus ausgesetzt, werden bei der Arbeitssuche diskriminiert und gelten allemal nicht wirklich als Deutsche. In dieser Hinsicht ist Deutschland ein Entwicklungsland mit zum Teil haarsträubenden Formen von Rassismus in Institutionen und Gesellschaft.

Und natürlich gibt es immer noch: die No-go-Areas für Nicht-Weiße in Deutschland, genau wie den verdrucksten Umgang mit der NS-Geschichte, im Westen wie im Osten. Wir leben in einem Land, in dem man sich sogar in den Leitmedien gern vor Lachen auf die Schenkel klopft, wenn ein hochdotierter Mann wie Thilo Sarrazin seinen plumpen Rassismus äußert. Ach ja, der nun wieder … Doch spricht er den Leuten aus der völkischen Seele.

Das ist die Abwehr. Da steht sie. Wie ein Panzer. Wer durchkommt, hat Glück. Damit die Realität den Eindruck vom bunten Deutschland einholen kann, müssen wir noch sehr, sehr viel trainieren.

Feuer, Hochrad, MittenDrin

26. Juli 2010

Es muss wohl sechs Uhr abends gewesen sein, als ich in Alt Ruppin ankam. Es roch noch wie Nachmittag, doch die Abendstille senkte sich bereits über den Marktplatz. Vor der „Futterluke", einem Imbiss mit Stehtischen, fegte Rudi die Hinterlassenschaft seiner letzten Kunden beiseite. „Ick klapp denn die Bürgersteige hoch", rief er ihnen hinterher. Die Jungs winkten und stiegen in ihren schwarzen Wagen. Der hatte getönte Scheiben, draußen klebte ein Kreuz, das an das der Wehrmacht erinnerte. Von der Kirche kam Orgelmusik. Ich ging über eine Brücke über die Wasserarme des Ruppiner Sees; Boote schaukelten an gepflegten Anlegestellen. Hier entlang war mein Urgroßvater Herrmann immer zu seinen Patienten geradelt. Es war seine erste Stelle als Landarzt, für ihn eine friedliche Zeit. Ich habe mir vorgestellt, wie er auf dem Hochrad durch die Straßen fuhr. Auf dem Hochrad! Wo hat er seine Tasche befestigt, die jeder Landarzt braucht, fragte ich mich als Kind. Er war ein anerkannter, kaisertreuer Mann, einer der wenigen Juden im Ort, obwohl seine Frau ihn drängte, sich endlich der evangelischen Kirche anzuschließen.

Alt Ruppin, der Ort, an dem es so aussah, als würde sich für die Juden nach Jahrhunderten von Schikane, Vertreibung und Pogrom alles zum Guten wenden. Mein Großvater Heinz wurde kurz vor Beginn des 20. Jahrhunderts hier als Gleicher geboren. Dennoch hatte sein Leben einen traurigen Anfang und ein trauriges Ende. Seine Mutter, von der Familie verehrt und vom Gatten geliebt, starb im Kindsbett. Das hing dem Knaben sein Leben lang an trotz all seiner Versuche, es zu etwas zu bringen. 1943 wurde er mit seiner Frau und zwei Kindern deportiert und in Auschwitz umgebracht. Gut, dass der kaisertreue Vater das nicht mehr erleben musste. Seine Generation lebte in der hoffnungsvollen Pause zwischen der barbarischen öffentlichen Verbrennung von Brandenburger Juden 1510 und dem „sauberen" Massenmord in der Zeit des Nationalsozialismus. Die Feuer jener Ereignisse umrahmen die Finsternis bis heute. Doch in der Zeit des Hochrads am Ruppiner See sank die allgemeine Verachtung gegen die Juden auf jenes selbstverständliche Maß, das man auch in den Büchern des Neuruppiner Dichters Theodor Fontane findet. Antisemitismus gehörte dazu, aber man arrangierte sich. Der Tod meines Großvaters und Millionen anderer beendete diese Zeit verhaltener Normalität.

Und heute? Mich führten die jüngsten Anschläge auf ein alternatives Wohnprojekt in die Gegend. Vermutlich waren es die „Freien Kräfte Neuruppin". Viermal griffen sie das Haus seit September an. Beim letzten Mal warfen sie Steine auf die erleuchteten Fenster und trafen einige der Jugendlichen drinnen. Seit es ein erfolgreiches breites Bündnis gegen Neonazis im Ort gibt, fühlen die sich offenbar in die Enge getrieben und reagieren ihren Frust am Wohnprojekt ab. MittenDrin ist eine Insel von tollen Jugendlichen, ohne die Neuruppin womöglich eines dieser unkritischen Nester geworden wäre, das seine Nazis gewähren lässt, indem es ihre Existenz und Bösartigkeit leugnet. Ich rede mit Joldi und Otti. Wir sitzen im Hof von MittenDrin. Graffiti und neugierige Gesichter verscheuchen die düstere Seite der Erinnerung an das Hochrad. Aber ich muss los, sonst sind die Bürgersteige alle hochgeklappt, wie Rudi sagte, und mit ihnen die vereinzelten Stolpersteine zum Andenken an die ermordeten Juden.

Rechte Parallelgesellschaft

28. Oktober 2010

„Warum mögen uns die Nazis nur nicht?", fragt ein junger Türke beim Frühstück im Haus der Kreuzberger Musikalischen Aktion. Diese Berliner Einrichtung, die Jugendliche aus dem Kiez mit Musik statt mit Unsinn beschäftigt, wird von Wolfhard Schulze geleitet. Sein Haus hat vielen dieser Jugendlichen geholfen, am Ende doch Anerkennung zu finden, lernen zu wollen und ihren Weg zu machen – eine Umschreibung für Integration. Bis das alles gelingt, muss viel harte Arbeit in der real existierenden Parallelgesellschaft junger Türken und Araber geleistet werden. Wolfhard Schulze lacht also und fragt zurück: „Wieso willst du ausgerechnet von denen gemocht werden?" Am Wochenende war er in Joachimsthal. Seine Frau, die Pastorin Beatrix Spreng, hatte einige Bürger vor ihrer Kirche mobilisiert, damit die Nazis – vom Nadelstreifenfunktionär bis zum autonomen Schläger – nicht ungestört demonstrieren können. „Todesstrafe für Kinderschänder!", forderten die Rechtsextremen lautstark. Die Bürger konterten mit Plakaten: „Kein Ort für Neonazis in Joachimsthal".

Die Nazikids aus dem Ort schauten den Großen beim Nazi-Sein zu. Sie kennen Bea Spreng, denn auch sie arbeitet, wie ihr Mann, seit fünfzehn Jahren mit jugendlichen Bands und hat nach und nach ganz Joachimsthal infiziert. Die Attraktivität der rechten Szene schrumpft. Doch an manche Nazikids kommt sie schwer heran. Die haben ihre eigene Welt: mit Nazimusik, Naziklamotten, Naziseiten im Internet und Nazipartnerbörsen. Diese Parallelgesellschaft ist im Verhältnis zur Gesamtbevölkerung etwa genauso stark wie die andere in Berlin. Einige der autonomen Nationalisten zerstörten am Ende die Plakate. Die Stimmung war sehr angespannt. Wolfhard Schulze, der die Kids aus Kreuzberg und Joachimsthal regelmäßig zusammenbringt, war heilfroh, dass diesmal seine Jugendlichen nicht mitgefahren waren. „Hey, das sind Nazis, was erwartest du?

Wärst du in Joachimsthal dabei gewesen, hätte das übel ausgehen können", sagt Wolfhard dem jungen Türken. Der Junge mitsamt seinem Migrationshintergrund versteht das nicht. „Wieso? Die hassen die Araber – wir auch. Die hassen die Schwarzen – wir auch, und die Juden sowieso. Wir sind Nationalisten, die sind Nationalisten. Wir sind Graue Wölfe. Wir sind auch Nazis! Also wieso hassen die uns?" Wolfhard Schulze kuscht nicht vor diesen Jungs. Weder vor den einen noch vor den anderen. Nazis sind für ihn einfach Nazis, ob braun oder grau. Er ethnisiert nicht, er schreibt – anders als Horst Seehofer – solche Statements keinem fremden Kulturkreis zu.

Genauso wenig wie seine Frau Bea Spreng. Auch sie entschuldigt nichts mit Strukturschwäche oder Arbeitslosigkeit – wie es etliche Politiker noch heute im Osten tun. Beide machen sich keine Illusionen, aber beide wissen auch, dass Jugendliche nicht so bleiben müssen. Sie streiten mit ihnen, sie konfrontieren sie mit der Realität, und sie bringen ihnen auch etwas bei, ermutigen sie mit der Musik.

Integration ist ein hartes Stück Arbeit in beiden Parallelgesellschaften. Oft gelingt sie, manchmal scheitert sie – je nach den politischen und finanziellen Bedingungen. Seehofer suggeriert, man solle diese Parallelgesellschaft abschieben. An welchen Ort? Aus Kreuzberg nach Brandenburg? Oder umgekehrt? Und wollen wir wirklich, dass sich dort dann Nazis mit und ohne Migrationshintergrund versammeln?

Kaddisch für einen Berliner

25. November 2010

Hermann Freudenberg war das Gegenteil dessen, was ich mir früher unter einem kapitalistischen Unternehmer vorgestellt hatte. Das Geld verdiente er in großem Stil mit Vileda-Produkten und Autoteilen, er gab es aus für die Förderung der Demokratie. Ohne ihn gäbe es die Amadeu Antonio Stiftung nicht. Hermann Freudenberg wurde 1924 in Berlin geboren. Er wuchs in Dahlem auf, wo sein Vater nach Hitlers Machtergreifung für und mit der kleinen Gemeinde der Bekennenden Kirche lebte und arbeitete, zu der auch Pastor Niemöller und Helmut Gollwitzer gehörten. Seine Mutter war Jüdin und doch Protestantin im allerbesten Sinne. 1939 musste die Familie über England in die Schweiz emigrieren. Als Hermann Freudenberg nach Deutschland zurückkam, baute er eine Gerberei in Familienbesitz zu einem modernen Unternehmen um.

Bis zu seinem Tod am 15. November 2010 fragte sich Hermann Freudenberg, warum gerade die gebildete deutsche Elite den Mord an den Juden hatte zulassen können. Obwohl die Dahlemer Gruppe einige von ihnen versteckt hatte, war Freudenberg die Bekennende Kirche in ihrer Haltung zu den Juden nicht deutlich genug gewesen.

Als ich nach der Maueröffnung, einer Einladung der Freudenberg Stiftung folgend, zum ersten Mal weit in den Westen fuhr – nach Weinheim an der Bergstraße –, war ich trotz aller kritischen Haltung gegenüber der DDR skeptisch, was mich und meine Kollegen vom Runden Tisch für Ausländerfragen dort erwarten würde. Freudenberg – ein Unternehmen, eine Stiftung, ein Unternehmer. Hermann Freudenberg begrüßte uns in dem Haus mit der schönsten Gartenanlage, die ich jemals sah, um mit einer kleinen Gruppe aus Ost und West über die Lage der Ausländer in der DDR zu sprechen und über den enormen Fremdenhass, der sich bereits abzeichnete. Er folgte den Gesprächen mit großer Kenntnis, Interesse, Neugier und jener ungewöhnlichen Wärme, die mich seither begleitet hat.

Wichtiger aber war, dass mit seiner Hilfe und Inspiration Hunderte Projekte ins Leben kamen. Im Westen wie im Osten. Immer ging es um Bildung, Schule, um Humanisierung des Alltags, besonders für Einwanderer, Minderheiten und Flüchtlinge. Er fragte: „Was genau kann man da tun?“

Der Rechtsextremismus besorgte ihn, als sonst noch niemand davon hören mochte. Er diskutierte aufmerksam unsere Ideen, die einer wachsenden Familie von Menschen, die sich ermutigt sahen, dort zu arbeiten, wo die Wunden der deutschen Geschichte am deutlichsten sind.

Im Jüdischen spricht man das Kaddisch, wenn ein Mensch stirbt, doch ist es kein Totengebet. Es ist die Preisung des Lebens und des Großen Lehrers, wer immer das sein mag für Christen, Juden, Moslems oder Atheisten. Hermann Freudenberg war Sentimentalität verhasst; sie enthielt für ihn zu wenig Wahrheit. Weil aber jede Trauerrede etwas davon hat und doch dem Verlust nicht gerecht werden kann, ist das Kaddisch gerade richtig. Vielleicht war es sein Start ins Leben mitten hinein in die Bekennende Kirche, deren Widerstand womöglich gut war, aber nicht gut genug, der ihn zu dem machte, was er bis zum Ende blieb. Er wollte so sein, wie eine ganze Generation von Deutschen hätte sein sollen. Nichts weniger, und das in aller Bescheidenheit.

2011

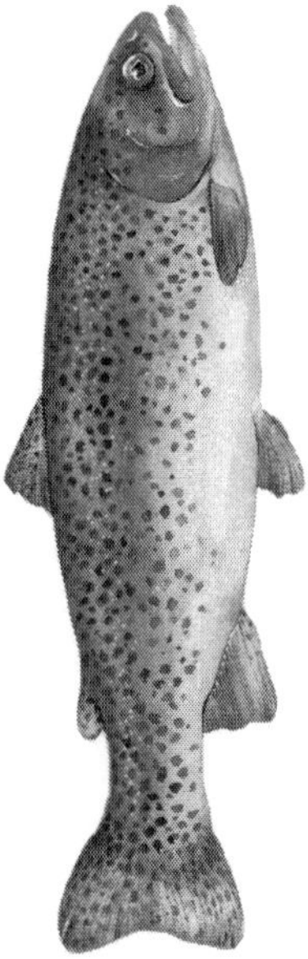

Das kalte Herz

6. Januar 2011

Man sagt, zwei Herzen schlagen in der deutschen Brust: das eine heiß, das andere kalt. Welchem davon sollen wir vertrauen? Im vergangenen Jahr wurde Joachim Gauck, Bürgerrechtler, Pfarrer und erster Bundesbeauftragter für die Stasi-Unterlagen, von den Deutschen zum Präsidenten der Herzen ernannt. Nun meldet er sich zu Wort und spricht von einer deutschen Sehnsucht. Er fordert mehr Volksentscheide, mehr direkte Demokratie: klarer, einfacher, weniger Kauderwelsch, mehr auf den Punkt, auf die wahren Probleme der Menschen hin. Er spricht mit heißem Herzen, dafür wird er verehrt.

Kalt dagegen schlägt das Herz der Verwaltung, von der bereits Max Weber, einer der Begründer der modernen Soziologie, behauptete, sie sei die eigentliche Macht im Staate. Ohne die Klärung von Vorschriften, Erlassen und Zuständigkeiten, ohne Mitzeichnungskette und ohne die Spiegelreferate bei Bund, Ländern und Kommunen entscheidet der deutsche Fachbeamte gar nichts, egal wer nach gewonnener Wahl gerade Minister wird. „Mooooment mal!", sagt der Beamte zu einer bisweilen mit dem heißen Herzen verfassten Vorlage: „Das müssen wir erstmal prüfen."

Als die Mütter und Väter des Grundgesetzes das föderale System einführten, machten sie die deutsche Demokratie schwerfällig. Heute ist sie mit ihrer Verwaltung darüber hinaus ein Hort des Lokalzentrismus, der Provinzialität, ja der Kleinstaaterei geworden. Kein Wunder also, dass der Wunsch nach dem Großen wächst.

Wenn in Deutschland ein solches „Think Big" aber bedeutet, eugenische Thesen wie die Thilo Sarrazins über „minderwertige" Muslime übers Land zu schleudern, dann wird es heiß im Land, und doch kann sich niemand daran wärmen. Die letzte Studie über „deutsche Zustände" der Professoren Heitmeyer und Zick von der Universität Bielefeld gibt genauer Auskunft über die Temperatur der Herzen. Sie spricht von Verrohung des Bürgertums und der Abwertung von Muslimen, Juden und allen, die ökonomisch nicht als „nützlich“ betrachtet werden. Sarrazins Weltsicht entspricht also durchaus der Stimmung großer Teile des Volkes.

Dass unser Präsident der Herzen Joachim Gauck jetzt mehr direkte Volksentscheide will, weil die Deutschen nach 60 Jahren reif dafür seien, ist ein Grund zur Sorge. Er bezieht sich nämlich auch auf Sarrazin. Der habe gewagt, wirkliche Probleme anzusprechen. Politische Korrektheit trüge, ja störe hier, weil sie die wahren Probleme verberge. Sarrazin habe den Politikern gezeigt, wie man mutig Wahrheiten anspreche, meint Gauck. Wenn das Herz so spricht, muss man lauschen. Denn vor Sarrazins Thesen gefriert einem das Blut, zumal wenn man zu einer der abgekanzelten Minderheiten gehört. Probleme ansprechen ist dringend nötig. Aber mit den Genen begründen? Das ist sowohl falsch als auch unerträglich. Doch solche Kälte mit heißem Herzen zu propagieren und viel Zustimmung zu bekommen, ist eine deutsche Spezialität. Genau vor diesem Temperaturchaos grauste es den Vätern und Müttern des Grundgesetzes.

Sollten wir doch eher den Fachbeamten vertrauen? Sie halten die Hitze ab und machen trotzdem, dass die Maschine Deutschland sich bewegt. Das mag mühsam und provinziell anmuten, es hält auf, ist kleinkariert. Aber wir wissen wenigstens, womit wir es zu tun haben. Seien wir unserer Bürokratie dankbar, wenigstens für einen kleinen Moment, denn sie bewahrt uns vor dem deutschen Sturm der heißen Herzen.

Guter Rat an die Lebenden

20. Januar 2011

Zum Holocaust-Gedenktag am 27. Januar wird eine Straße in Berlin-Friedrichshain den Namen Ede-und-Unku-Weg erhalten. Dieses Ereignis gedenkt der toten und soll ein Zeichen sein für die lebenden Juden, Sinti und Roma im Land. Der Name erinnert an ein Buch, seine Helden und an die Autorin. Der Jugendroman „Ede und Unku", geschrieben 1931 von Grete Weiskopf, genannt Alex Wedding, gehörte zu meiner Kindheit. Er erzählt die Geschichte einer Freundschaft zwischen zwei Berliner Kindern kurz vor dem Nationalsozialismus: Ede, Sohn eines Arbeitslosen, trifft Unku, ein Mädchen aus einer Sintifamilie. Es geht um Loyalität, Freundschaft, Vorurteile und Klassenkampf.

Die Helden der Geschichte gab es wirklich. Grete Weiskopf hatte die Sintifamilie, zu der Unku – mit bürgerlichem Namen Erna Lauenburger – gehörte, in der Nachbarschaft kennengelernt. Die junge, jüdische und kommunistische Schriftstellerin mochte die Familie sehr und war empört über deren tägliche Diskriminierung. „Ede und Unku" war ihr erstes und bekanntestes Buch, frei von romantisierenden Zigeunerklischees, dafür mit der Empathie einer Jüdin, die weiß, was Herabsetzung bedeutet, und mit dem Pathos jener Zeit, das vom siegreichen Klassenkampf die Lösung aller, auch der niedersten Probleme wie Antisemitismus und Antiziganismus erhoffte. Unku wurde im Alter von 24 Jahren mit ihren beiden Kindern nach Auschwitz gebracht und dort ermordet.

Am 27. Januar redet zum ersten Mal ein Vertreter der Sinti und Roma vor dem Bundestag. Zoni Weisz, Überlebender einer niederländischen Sintifamilie, wird gewiss auch den noch immer alltäglichen Rassismus ansprechen, dem die Sinti und Roma in Deutschland und Europa ausgesetzt sind. Man mag die Staatsgeste des Gedenkens als zelebrierte Heuchelei empfinden oder als notwendigen Akt einer Räson der deutschen Demokratie – beides deutet darauf hin, dass der Holocaust, dem auch eine halbe Million Sinti und Roma zum Opfer fielen, die Gegenwart zu Recht bewegt. Das gelingt beim Andenken an die Toten – mal besser, mal schlechter. Doch wie sieht es mit den Lebenden aus?

Die Nachkommen der damals verfolgten Minderheiten machen immer Schwierigkeiten. Sie wollen nicht abgeschoben werden, wie die Roma aus dem Kosovo; sie wollen bessere Bildungschancen für alle Sinti und Roma, keine harschen Diskriminierungen, sondern Anerkennung als wirklich echte Deutsche und dass mehr getan werde gegen Antiziganismus und Antisemitismus. Darin sind sich Juden mit Sinti und Roma in Deutschland einig. Dafür reicht ein 27. Januar nicht – aber er könnte dazu dienen, wenigstens an diesem einen Tag die gröbsten Klischees zu meiden.

Wenn der Ede-und-Unku-Weg seinen Namen erhält, bin ich dabei. Die Feier findet am 27. Januar um 17 Uhr statt, vielleicht schaffe ich es hinterher noch ins Kino, denn an diesem Tag läuft in Berlin der türkische Film „Tal der Wölfe Palästina" an, ein antisemitisches Actiondrama, in dem es darum geht, Judenhass auszuleben und möglichst viele Israelis abzuknallen. Einen solchen Film hat es nach dem Holocaust in Deutschland noch nicht gegeben. Im Kino werde ich bei Popcorn und Cola weiter darüber nachdenken, ob das Datum des Filmstarts ein Zufall ist oder ein gut gemeinter Rat an die Lebenden, sich nicht allzu sicher zu fühlen.

Die Quelle schließen

3. Februar 2011

Als das Licht ausging im großen Saal der Polizeischule in Kalabrien und die Jugendlichen verstummten, um dem Auftritt von Carlotta im Wettbewerb zu lauschen, begann ich zu verstehen, was Mafia bedeutet. Mir war klar, dass dahinter weit mehr steckt als der berühmte Showdown zwischen verfeindeten Familien im Film „Der Pate" auf den Treppen der großen Oper in Palermo. Meine Vorstellungen von Mafia oder 'Ndrangheta – so heißt sie in Kalabrien – kreisten um Gewalt, Drogen, Bosse, Handlanger, tapfere Verfolger und heldenhafte Staatsanwälte. Doch eigentlich hatte ich keine Ahnung.

Carlotta war die erste auf der Bühne. Sie trug Sonntagskleider. Selbstbewusst rezitierte sie ihr Gedicht „Die besondere Freiheit". Es handelte davon, nicht mehr einfach mitzumachen. Sie bekam großen Applaus. Wie die meisten Jugendlichen im Publikum hatte sie ein eher verschlossenes, ernstes Gesicht. Neben mir klatschte Claudio La Camera, Leiter des 'Ndrangheta-Museums. Er hatte den Wettbewerb zum Thema Mafia organisiert. Dass so viele junge Leute teilnahmen, war ein Riesenerfolg, auch, dass sie dafür ausgerechnet in die Polizeischule gekommen waren.

Diese Schüler leben in normalen Familien im ländlichen Raum. Da gibt es keine Mafia-Romantik. Man redet nicht einmal darüber. Wozu auch? Der Alltag ist bescheiden und mühsam; dass selbst das Streichen eines Zauns kompliziert sein kann, weil dieser oder jener Onkel gefragt werden muss, wissen diese Jugendlichen, auch, wem sie zu gehorchen haben und welche albernen Regeln gar nichts gelten. Wie ihre Großeltern tun sie, was verlangt wird, und schauen weg, wenn die Onkel ihre Geschäfte machen oder Strafen erteilen. Wie ihre Eltern verachten sie den Staat mit seinen Regeln und Gesetzen. Als Carlotta vortrug, war mir mit einem Mal klar: Ohne die Kultur zwischen Gehorsam und Anarchie, Härte und Verbindlichkeit gäbe es keine Mafia mehr. Wenn Carlotta nicht mehr will, hat die 'Ndrangheta ein Problem.

Es ist wie in Deutschland. Die Naziplage wäre ohne die Alltagskultur von heimlichem Rassismus und unheimlicher Heimatduselei unmöglich. Also muss man bei den Jugendlichen anfangen, soll die Tradition des Duldens verändert werden. Renato Cortese, Chef der mobilen Polizeieinheit zur Bekämpfung der 'Ndrangheta, ist ein Held, ebenso wie Michele Prestipino, leitender Staatsanwalt der Region Kalabrien. Sie haben Mörder zur Strecke gebracht, Milliardengeschäfte gestoppt, Entführte befreit. Als ich ihnen erzählte, wie sehr ihre Arbeit gegen die Mafia unseren Methoden gegen Rechtsextremismus ähnelt, waren sie neugierig. Denn beides ist auch ein Kulturkampf.

Ohne Jugendliche, die nicht mehr mitmachen, und ohne eine Gesellschaft, die diese stützt, bleibt die Macht der Mafia ungebrochen, meinte der Staatsanwalt. Renato Cortese sagte, dass er ohne Claudio La Cameras Arbeit mit den Jugendlichen einpacken könnte. Das wäre, als wischte jemand neben einer überlaufenden Badewanne unermüdlich auf, ohne auf die Idee kommen, den geöffneten Wasserhahn zu schließen.

Für den Fall, dass mal wieder jemand meint, wir bräuchten keine Projekte gegen Neonazis mehr, Projekte, die Jugendliche wie Carlotta und eine selbstbewusste Zivilgesellschaft hervorbringen, und es reiche, die NPD einfach zu verbieten und die Polizei den Rest machen zu lassen – merke ich mir diesen Satz für alle Zeiten.

Im Scheunenviertel

3. März 2011

Die Leute finden Berlin aufregend. Den Sound der Stadt voller Partys zwischen Blümchentapete, türkischen Teestuben und geheimen Kellern hat die Berliner Band Seeed festgehalten und einen fetten Reggae daraus gemacht. „Dickes B" – das steht für den Partyrausch. Mit Frank, einem der Seeed-Jungs, bin ich im Scheunenviertel verabredet. Gleich hinter dem Rosa-Luxemburg-Platz fängt es an, zwischen Torstraße und Münzstraße geht es bis hinüber zur Neuen Schönhauser. Mein Vater ist hier aufgewachsen.

Damals war seine Straße der Mittelpunkt der chassidischen Welt in Berlin. Hier wohnten die Juden aus Osteuropa, arme Leute, kleine Händler, Schneider, Schuhmacher und jede Menge Rabbiner – in jedem dritten Haus war eine Betstube. Und Kinder natürlich, die auf der Straße tobten oder wie Trauben an der Hand ihrer Väter hingen, wenn sie noch klein waren. In der Grenadierstraße war kein Durchkommen: Die Leute verkauften Obst direkt von den Karren, Fuhrwerke machten sich mit der Produktion aus der Senffabrik auf den Weg zu den Märkten. Autos hupten. In der Mulackstraße warteten die Mädchen mitten im Trubel auf Kundschaft. 80 000 Menschen lebten hier, meist auf der Straße, denn in den Häusern war es eng. Es war laut, elend, lustig. Als mein Vater 13 wurde, fuhr er mit anderen jüdischen Burschen absichtlich am Schabbat Straßenbahn! Mitten durch die Nachbarschaft der schwarzen Kaftane, orthodoxen Regeln und schreienden Kinder. Hätte es den Stinkefinger als Zeichen schon gegeben, sie hätten ihn dieser Welt gezeigt – auf dem Weg zum Bülowplatz, heute Rosa-Luxemburg-Platz, wo sich die jungen Leute trafen: Sie wollten zu den Kommunisten, Wandervögeln oder den Anarcho-Zionisten, statt Thora und Talmud zu büffeln.

Im Vergleich dazu wirkt die Gegend jetzt kühl und starr. Die Armut von damals ist das Teure von heute. Im Fenster eines coolen

Modeladens an der Ecke stehen Hunderte alter Nähmaschinen, genau solche, wie sie die meisten Leute hier vor den Deportationen hatten. Gegenüber in rohem Schick die feinen Anzüge von Hugo Boss, der mit der Produktion von Uniformen für die HJ, SA, SS und Wehrmacht reich wurde. Ein anderes Geschäft für Schuhe und Klamotten hat völlig ironiefrei den Spruch „To die for" auf die Scheiben gedruckt. Und die Damen nebenan beim Hot Yoga sind so kühl, dass ihnen schon ein aufgewecktes Hallo als unangemessener Übergriff vorkommt. Das Café, in dem ich warte, ist voller Architekten, Galeristen, Lektoren und Dotcom-Menschen. Der Kellner kommt aus Rostock, er serviert Espresso macchiato. Mir fehlen die vielen Juden, die Neunmalklugen, die Theaterleute, Feuilletonisten, die lauten Frauen. Ohne den Holocaust säße hier an jedem Tisch ein Maxim Biller oder Igor Levit.

Frank kommt herein. Er ist groß, schwarz, elegant und trägt ein riesiges Bündel Dreadlocks auf den Schultern. Wir reden über Glück, seine Familie, über Ghana, Musik, das neue Album und über die Gegend hier. Er strahlt, sein Blick folgt meinem Finger, mit dem ich die alte Route der Straßenbahn markiere. Die zischende Kaffeemaschine, Erinnerung an jüdischen Kinderlärm, abgeblätterte Koscherzeichen an den Häusern. Es riecht wieder nach Senf. Es klingt nach Reggae. Beim Reden mit Frank mischt sich die untergegangene Welt mit der des jungen Musikers. So mag ich Berlin.

Das Recht auf Rache

14. April 2011

Vor mehr als 60 Jahren wurde der Bund der Vertriebenen gegründet, dessen Charta der Heimatvertriebenen noch heute als moralisch-ethische Grundlage seines Wirkens gilt. Die erste der darin beschworenen Pflichten ist der Verzicht auf Rache und Vergeltung. Diesen Verzicht zu erklären, bedeutet aber: Es gibt wirklich einen Anspruch auf Rache für die Vertreibung, der großmütig nicht wahrgenommen wird. Die Charta und Vertriebenenorganisationen sind auf ihre Weise ehrliche und noch immer lebendige Zeugnisse der deutschen Vergangenheit. Sie gehören zum Erbe jenes Teils des bezwungenen Deutschlands, der seine Niederlage noch immer nicht hinnehmen will und den Verlust der deutschen Ostgebiete nicht akzeptieren kann. Dieser Verlust dient bis heute dazu, die Verbrechen des Nationalsozialismus zu relativieren.

Die Ostgebiete sind zwar noch immer polnisch, doch wenigstens gehört nun der Osten Deutschlands zum erweiterten Wirkungskreis des Bundes der Vertriebenen und seiner Landsmannschaften. Man mag es kaum glauben: Während in den Versammlungen der Ortsverbände der Parteien gähnende Leere herrscht, sind die Treffen der Vertriebenen im Osten brechend voll. Besonders entlang der Grenze zu Polen, wo die NPD mit antipolnischen Kampagnen Punkte sammelt, drängeln sich die Menschen auf den Vertriebenenversammlungen. Zudem organisieren die Landsmannschaften und deren Jugendorganisationen schon seit Jahren gemeinsam mit beinharten Neonazis „Trauermärsche“ anlässlich des „Bombenholocausts“, der Bombardierung Dresdens, um den 13. Februar.

Jetzt allerdings hat der Bund der Vertriebenen im Osten ein Problem. Vor einigen Tagen tauchten Dokumente des Jugendverbandes der Landsmannschaft Schlesien auf, die belegen: Die Schlesische Jugend, mit einem Sitz im Vorstand der Landsmannschaft vertreten, kooperiert nicht nur mit den Neonazis, sie ist von ihnen unterwandert. Gemeinsam mit der Jungen Landsmannschaft Ostdeutschland, einer der NPD und den „Freien Kräften" nahestehenden Organisation, wurde von der Schlesischen Jugend Thüringen zu staatlich geförderten „Ostfahrten" aufgerufen, auf denen sie als „politischen Höhepunkt" Auschwitz besuchen. Dabei feiern sie den Holocaust und verbrennen eine „Zionsfahne". Über eine Gruppe junger Juden, die ebenfalls über das Gelände der Gedenkstätte lief, sagte einer der Teilnehmer: „Vor 60 Jahren wäre dieses Verhalten durchaus begrüßenswert gewesen."

Der Bund der Vertriebenen, der jährlich mit mehreren Millionen Euro aus der Staatskasse gefördert wird, sieht weder Anlass noch Notwendigkeit, sich selbst und seine Gliederungen auf Treue zur freiheitlich-demokratischen Grundordnung überprüfen zu lassen, so wie es die in Programmen gegen Neonazis Engagierten tun müssen. Frau Steinbach, Vorsitzende der Vertriebenen, sagt, ihr Bund sei durch und durch demokratisch. Aus den eng verknüpften rechtsextremen und neonazistischen Netzwerken im Vertriebenenmilieu Ostdeutschlands jedoch dringt unüberhörbar der Ruf nach Rache an der Demokratie. Dass sie dafür auch noch großmütig mit Steuergeldern unterstützt werden, sollte den Demokraten Anlass für eine kleine Vergeltung sein: die Streichung aller Fördermittel.

Bei Dekel auf dem Dach

26. Mai 2011

Dekel ist Israeli; das Dach bedeckt eines der noch unsanierten Häuser in Neukölln. Dekel ist einer von etwa 15 000 Israelis in Berlin, auf dem Dach waren etwa 30 Leute, ein paar Kissen und ein Grill. Alle genossen den Blick über Berlin. An diesem Nachmittag zeigte der Himmel verschiedene Wetter gleichzeitig: Regen am Rathaus Schöneberg, Sonne über Tempelhof, gelbes Gewitterlicht am Fernsehturm. Das Dach mittendrin erschien wie eine entspannte, friedliche Insel, nach der alle so lange suchten. In zwei Fenster des gegenüberliegenden Hauses hatte jemand Fahnen gehängt, links die von Nordkorea, rechts die der Hamas. Eine junge Künstlerin schüttelte irritiert den Kopf über diese Kombination von Stalinismus und Islamismus, ein anderer aus der Dotcom-Branche lachte über diese „antiimperialistischen Spinner", ernst nahm das niemand. Hamas-Freunde in Neukölln – naja, in Deutschland bindet man sowieso nicht jedem auf die Nase, dass man Israeli ist. Doch selbst wenn, sagte Uri, seien die Fahnen Pillepalle gegen echte arabische Feinde.

Von Dekels Dach aus gesehen bedeuten diese Flaggen keine Bedrohung; sie gehören eher zur Folklore dieser Stadt. Berlin ist nicht das Germania, vor dem die Eltern immer warnten; es ist Traumziel für junge Israelis. Hier geht alles. Manche haben sich in Berlin verliebt, so wie Dekel, der mit seiner Frau direkt unter dem Dach wohnt. Anderen ist es der Szeneort überhaupt. Trotz Geschichte und Holocaust oder vielleicht sogar ein wenig deswegen. Berlin und Israel, diese Orte ziehen einander an, meint die Künstlerin, gerade in der dritten Generation von ehemaligen Opfern und Tätern. Das hat für beide Seiten etwas Entlastendes. Auch wenn es davon zeugt, dass der Holocaust keineswegs längst abgehakt ist. Sich für die Schuldgefühle des anderen benutzen zu lassen – das kommt oft vor. Denn viele Deutsche lieben antizionistische Israelis, die ihre eigenen Ressentiments gegen Israel und die Juden teilen. Und Israelis lieben Deutsche, wenn die ihrer Meinung sind und schon deshalb beweisen, dass sie es geschafft haben, keine Nazis mehr zu sein. Doch selbst auf der Dachinsel, im akademisch-künstlerischen Milieu, das in jedem Land auf den eigenen Staat und die Macht schimpft, gehen die Meinungen auseinander. Nicht alle verdammen Israel. Realisten, Postzionisten und solche, die auf Israel einfach keinen Pfifferling mehr setzen wollen, haben sich geeinigt: Es wird koscher gegrillt, jeder lässt dem anderen seine eigene Sicht auf die Dinge, und Israel ist so stressig wie Berlin cool.

So sieht es aus hier oben. Hier gibt es keine Nazi-Kameradschaften, keine Toten rechter Gewalt, keinen NPD-Wahlkampf, keinen lupenreinen Antisemitismus, kein blödsinniges Gleichsetzen von Links- und Rechtsextremismus als Ausrede dafür, die Nazis einfach machen zu lassen. Von hier aus sind auch Berliner islamistische Gruppen nicht zu erkennen, die vom Dschihad beseelt sind, oder Linke, die Hamas und Hisbollah für Befreiungsbewegungen halten. Doch unter dem wilden Himmel von Neukölln, wo sich zwischen allen Wettern nun ein Sturm anbahnt, flattern die zerzausten und verknoteten Enden der Geschichte. Für einen Augenblick aber kann man wohl noch mit den Leuten aus Tel Aviv und Berlin Rotwein trinken. Und sich dabei wünschen, die Welt wäre tatsächlich so wie bei Dekel auf dem Dach.

Stolz und Vorurteil

9. Juni 2011

Der Kirchentag ist vorbei; die Veranstalter sind zufrieden. So viel Politik und so viel Einigkeit: Frieden ist gut, Krieg ist böse, Atomkraft gehört abgeschafft, die Umwelt geschützt. Alle Veranstaltungen dazu waren überfüllt. 120 000 evangelische Teilnehmer feierten in Dresden mit islam-grünen Schals ihren Glauben. Die Elbe lag in goldenem Licht, vor dem die dunkle Silhouette der barocken Stadt besonders prächtig wirkte. Die Dresdner sind darauf stolz – keine der im Zweiten Weltkrieg von den Alliierten bombardierten deutschen Städte war so schön wie diese und ist es heute wieder. Keine andere Stadt ist ihrer Schönheit und ihrer Toten wegen so sehr zum Symbol des deutschen Opferstolzes geworden wie Dresden.

Das sehen auch die Nazis so: Jedes Jahr kommen sie von überall her und demonstrieren, wie bizarr und gefährlich der Opferkult werden kann, wenn er rechtsextrem aufgeblasen wird. Um die Toten der Bombennächte wird jedes Jahr am 13. Februar getrauert. Diese Toten der Dresdner werden jedoch in eine Reihe mit allen anderen Opfern gestellt, der Krieg von damals in eine Reihe mit allen anderen Kriegen der Welt – so die grundsätzliche Gemeinsamkeit von Kirchentagsbesuchern und Dresdnern, ob mit oder ohne Glauben. Doch wo über Ursache und Wirkung von Krieg und Bomben nur verdruckst geredet wird, sollten Gemeinplätze über Frieden lieber ungesagt bleiben. Bei der zentralen Veranstaltung zu Kirche und Rechtsextremismus blieb der große Konferenzraum halb leer. Aus einer eingangs vorgestellten Studie ging hervor, dass Glaube nicht vor rechtsextremen Einstellungen schützt – egal, in welcher Religion. Im Gegenteil: Der Anteil jener, die davon ausgehen, dass Menschen unterschiedlich viel wert sind, ist unter Religiösen signifikant höher als unter Konfessionslosen. Nach dieser Diagnose berichteten Initiativen und Personen aus ihrem Alltag mit Nazis und der harten Auseinandersetzung mit ihnen. Besonders in Sachsen ist das schwer – wegen ihrer Anzahl und des Organisationsgrades und wegen mangelnder Klarheit bei den Verantwortlichen in Freistaat und Kirche. Ähnliche Diagnosen kamen aus anderen Regionen Deutschlands.

Christen sind aus Unterlassung häufig Teil des Problems. Umso bewundernswerter ist der Kampf der Pfarrerinnen und Pfarrer, hier nicht duldsam zu sein. Das christliche Menschenbild, so sagten sie, vertrage sich nicht mit Abwertung und Vorurteil. Solche Pfarrer sind in der Minderheit. Solange Christen die ermordeten Juden und die Toten von Dresden dem gleichen Opferstolz zuordnen, werden Vorurteile nicht verschwinden. Solange Rechtsextremismus und Vorurteile in den eigenen Reihen nicht ernst genommen werden, stimmt etwas nicht. Deshalb klingt es selbstgerecht, wenn Margot Käßmann aus Deutschland der Welt den Frieden erklärt. Gewiss ist das nicht das Gleiche, wie der Welt den Krieg zu erklären, doch umso mehr besteht Anlass zu Bescheidenheit in dieser Frage. Denn solange es noch einen Neonazi in diesem Lande gibt oder einen rassistischen Christen, sollte Kirche in Deutschland mit diesen ringen, statt mit Taliban beten zu wollen. Am Ende der Veranstaltung waren noch 200 Zuschauer da. Zu wenig, um nach den Kirchentagsregeln eine Resolution gegen Rechtsextremismus zu verabschieden.

Leugnung und Zeigefinger

7. Juli 2011

Bei der Frage, wo nach dem Krieg die ganzen Nazis geblieben seien, wies die DDR mit riesigem Zeigefinger stets in Richtung Westen und meinte dabei zweierlei. Zum einen die realen Personen, Altnazis, die dort ungehindert Karriere machten. Und zum anderen den imperialistischen Monopolkapitalismus, der ganz allein schuld am Faschismus war. In der DDR gab's beides nicht. Vor allem kein Monopolkapital. Das sollte heißen: kein Kapitalismus, also auch keine Nazis. Nach der Vereinigung war es umgekehrt. Da zeigte der Westen auf den Osten, als sich dort Glatzköpfe in „national befreiten Zonen" breitmachten – Neonazis ausschließlich als Ostphänomen, als hämisches Erbe des Antifaschismus. Irgendwie stimmte es und auch wieder nicht, denn der Westen hatte seine eigenen Nazis. Vor allem aber vereinte beide Seiten, dass sie vor Selbstgerechtigkeit trieften.

Heute debattiert die Linkspartei über Antisemitismus. Und wieder sind Zeigefinger im Spiel: Sie weisen in den Westen. Dort seien die Israelhasser, denn Antisemiten möchte man sie nicht nennen, dort, bei diesen Westtrotzkisten. In der PDS gäbe es sowas nicht. Weder Trotzkismus noch Antisemitismus. Gewiss, die DDR hatte wohl auch eine antisemitische Phase während der Stalin-Zeit. Doch war sie von der Sowjetunion aufgezwungen und dann auch rasch vorbei. Aber richtiger Antisemitismus? Das hat's in der DDR nie gegeben. Auch nach der deutschen Einheit war „das" kein Thema im Osten. Da hatte man andere Probleme.

So funktioniert das Spiel um Leugnung und Zeigefinger: Am Ende könnten sowohl der Antifaschismus als auch die Linkspartei an ihrer eigenen Selbsttäuschung zugrunde gehen. Genau wie einst die DDR.

Als ich im Jahr 1987 erfuhr, dass ein großes Institut der DDR einen Forschungsauftrag mit dem Ziel startete, ein weiteres Mal zu erklären, dass Antisemitismus nur im Kapitalismus vorkomme, habe ich einen Ausreiseantrag gestellt. Das war zu viel des Leugnens. Zu dieser Zeit kam es fast täglich zu Naziattacken auf Ausländer, Schwule und Punks, die Stadt war voller Hakenkreuze und antisemitischer Schmierereien. Der staatliche Israelhass galt aus ökonomischem Kalkül den USA gegenüber als weniger opportun, doch blieb er fest eingebaut in die Ideologie des Antiimperialismus und des Klassenkampfes. Und das Misstrauen gegenüber „kosmopolitischen" oder „zionistischen" Personen, also Juden, wirkte fort.

Trotz der vielen Nazis überall auf Leugnung und Zeigefinger zu bestehen statt auf kritischen Antifaschismus, war für mich das letzte Indiz dafür, dass die DDR verloren war. Der Verzicht auf die Idee, Faschismus und Antisemitismus kämen ausschließlich aus dem Kapitalismus, hätte weitergeholfen. Das jedoch hätte das gesamte System ausgehebelt und wäre daher nur bei Strafe des eigenen Untergangs möglich gewesen. Ich konnte diesen Widerspruch damals nicht mehr aushalten, schon gar nicht im Land des Holocausts. Bald danach gab es die DDR nicht mehr.

Nun ist er wieder da, der Widerspruch. Er hat sich in der Linkspartei fortgeschleppt bis heute. Nein, er ist kein Westproblem, das durch Trotzkisten in die Partei getragen wurde. Er ist generell ein Problem der Linken. Er symbolisiert wie kein anderer den Moralismus und Hochmut, der die Kapitalisten automatisch zu schlechten und die Sozialisten zu besseren Menschen macht. „Das hat's bei uns nicht gegeben" wird die letzte Antwort auf die Krise der Linken sein. So kann sie nur scheitern. Im Osten wie im Westen.

Freiheit und Sneakers

18. August 2011

Einige Tage nach den Unruhen in London scheint alles wieder seinen normalen Gang zu gehen. Auf einem Parkplatz in Brixton, wo nur wenige Tage vorher das Chaos herrschte, schieben die Leute wieder friedlich ihre Einkaufswagen aus dem Supermarkt. Zwei Polizistinnen gehen die Straße entlang, unbewaffnet, so wie es dort üblich ist. Die Vorderfront des Gebäudes, in dem Junkfood verkauft wird, ist mit Spanplatten zugenagelt. „Wir haben geöffnet", steht auf einem Zettel. Keine Scherben auf dem Boden, keine Anspannung bei Passanten. Vereinzelt rasen Polizeiwagen mit lauten Sirenen durch die Stadt. Dennoch: Es ist vorbei. So wie ein schweres Gewitter, wie ein Naturereignis des Kapitalismus. Doch die Working Class hat keine Arbeit mehr, und das Wort Unterschicht gibt es in England nicht.

Ein Jamaikaner mittleren Alters läuft mit Einkaufstüten über den Parkplatz. Er trägt einen fetten Davidstern auf der Brust. Ich frage ihn danach. „Der gehört uns", sagt er. „Juden, Christen, Muslime – wir sind doch alle gleich und Schwarz! Wir alle sind Rebellen." Seine Zusammenfassung amüsiert mich. Selbst dieser Parkplatz in Londons Süden ist heterogener als irgendein anderer Ort in Europa: Inder, Schotten, Chinesen, Jamaikaner, Afrikaner, Spanier und ein paar Ur-Londoner, die etwa so selten sind wie Berliner in Berlin. Er verstehe nicht, wie Leute so unverantwortlich randalieren konnten. Mütter hätten sogar ihre Kinder plündern geschickt. Und ein junges Mädchen wurde von der Polizei verhaftet, als sie in einem der überfallenen Läden die teuren Turnschuhe erst anprobierte, bevor ihr Freund sie für sie stehlen sollte. „Wie kann man so blöd sein? Unsere schlechten Schulen sind schuld!" Nicht einmal richtig klauen könnten sie, meint er.

In den Medien und Cafés diskutiert man die Ereignisse. Die Mittelschicht ist verunsichert. Sie fühlt sich bedrängt: einerseits von der wachsenden Zahl der Armen, die von ihren Steuern leben, und andererseits von der wachsenden Zahl der Reichen, die keine bezahlen. Dass die Reichen und die konservative Regierung den Armen nun Unmoral und Gier vorwerfen, finden sie absurd nach all den großen Korruptionsskandalen der letzten Monate. Dass jedoch die Armen durch den sozialen Wohnungsbau über das ganze Stadtgebiet nun auch in Gegenden wohnen können, die sie sich nie würden leisten können, macht die Mittelschicht sauer.

Es streiten sich die Strukturalisten mit den Intentionalisten. Die einen sagen, die Unruhen kommen von der strukturellen Unterdrückung der Working Class. Deshalb müsse der Staat viel mehr für sie sorgen. Die anderen finden, der Staat produziere durch das Sozialsystem ein Anspruchsdenken der Armen ohne Bereitschaft zu Gegenleistung. Deshalb müsse man die Leute zur Strafe aus den Sozialwohnungen schmeißen, ins Gefängnis stecken, um ihnen wieder Anstand und Moral beizubringen. Der Kapitalismus wisse einfach nicht, was er mit seiner Unterschicht anfangen soll. Und die weiß es auch nicht und plündert deshalb die Läden, eruptiv und sinnlos. Darin ist man sich einig.

„Nun“, sagt der Jamaikaner, „es ist doch ganz einfach. Wir sind alle gleich auf dieser Welt: Die Guten gehen für Freiheit auf die Straße und die Schlechten für neue Sneakers!“ Er lächelt verschmitzt – wie jemand, der ein großes Geheimnis kennt.

Im Dschungel der Brandenburger Provinz

1. September 2011

Sie ist Pfarrerin auf dem Lande, und sie erzählt von Indien, von den Konflikten dort und dem Dschungel, wo sie andere Pfarrer besucht hatte, indische. Der Dschungel ist voller Menschen, sagt sie, die Armut schlimm und doch: Alle telefonieren auf ihren Handys. Genau wie die vielen Millionen, denen der Aufstieg in die Mittelschicht im Zuge der Globalisierung gelungen ist. Es gibt kein Eckchen im Land, das nicht vernetzt wäre.

Nun ist sie wieder zu Hause und hat keinen Empfang. Das Internet funktioniert auch nicht richtig. Es ist ein Kunststück, irgendwo zwischen zwei Funklöchern genau die Stelle zu finden, an der sie Notfallseelsorge machen kann, Handwerker anruft, Termine abstimmt und sich zum nächsten Treffen mit denjenigen verabreden kann, die sich wie sie im Wahlkampf gegen die NPD engagieren. Es gibt so eine Stelle, sagt sie, genau zwischen dem NPD-Plakat gegen Globalisierung und dem gegen die „Invasion der Fremdarbeiter" in einem kleinen Ort nahe der Grenze zu Polen, mittendrin im Dschungel von Vorurteilen und Provinzialismus.

Der Wahlkampf in Mecklenburg-Vorpommern, Brandenburg und Berlin macht die Nazi-Partei wieder sichtbar. Ihre Ideologie ploppt wieder auf in den Wahlkampfslogans. Sie ist polenfeindlich, antisemitisch, bösartig rassistisch, gegen Globalisierung und doch hintersinnig und provokativ. Träge und dröge dagegen der Wahlkampf der demokratischen Parteien, die den ländlichen Raum ebenso vernachlässigen wie die Mobilfunkgesellschaften. Kleinvieh macht auch Mist, meint dagegen die NPD zu Recht und pflastert die ostdeutschen Dörfer mit ihren Parolen zu. Die Pfarrerin schüttelt den Kopf, als sie noch mal an Indien denkt. Der Dschungel ist nicht dort, meint sie, sondern hier – irgendwo zwischen Zossen und Demmin.

In Zossen kandidiert jene Bürgermeisterin zur Wiederwahl, deren Wählergemeinschaft „Plan B" heißt und die NPD überhaupt nicht schlimm findet. Dass die Nazis dort das Haus der Demokratie abfackelten, quittierte sie mit einem kalten: „Rechtslinksselberschuld!", und ließ die Bürgerinitiative lange auf der Straße stehen. Endlich kann heute das neue Haus eröffnet werden, das die Initiative „Zossen zeigt Gesicht" sich hart erkämpfen musste. Und in Demmin zelebriert eine starke und aggressive Nazi-Szene die Erinnerung an einen Massenselbstmord in der Stadt 1945, kurz vor der Befreiung durch die Rote Armee. Aus Furcht vor der Rache der Alliierten haben etwa 1000 Menschen sich selbst und ihre Kinder im Fluss ertränkt. In diesem Jahr gab es zum ersten Mal Proteste von Demminer Bürgern gegen den rituellen Trauermarsch der NPD und ihrer Kameradschaften. Immerhin, sagt die Pfarrerin nachsichtig.

Wahrscheinlich reicht eine solche Aktion noch lange nicht, um Inder zu Investitionen in unseren Regionen zu veranlassen. In den vergangenen zehn Jahren hat sich die Welt rasant verändert, aus dem indischen Dschungel wuchsen Millionenstädte, in Dörfern ordern Frauen Minikredite per Handy, der Handel blüht selbst in den armen Gebieten. „Doch Funklöcher und die ewigen Nazis sind keine gute Werbung für uns. Aber wer weiß, warten wir die Wahlen ab. Vielleicht ist der Dschungel ja doch woanders." Das Lachen der Pfarrerin klingt spöttisch und müde zugleich.

Wenn Demokratie baden geht

13. Oktober 2011

Wenn jemand das eine denkt und das andere tut (oder richtiger: tun muss), dann hält er diesen Widerspruch nicht lange aus. Denn wenn er einfach tut, was er nicht für richtig hält, ist er ein Heuchler; wenn er es aber gegen seine Überzeugung tun muss, dann sitzt er in einer Falle. Letzteres möchte man für einen netten Mann aus Bayern annehmen, der gegenwärtig als Staatssekretär (CDU) im sächsischen Innenministerium arbeitet. Der andere Fall wäre zu arg.

Das Problem: Ein Foto zeigt ihn neben ihm einem NPD-Mann, Kreisrat und Kader der NPD-Jugendorganisation Junge Nationaldemokraten. Der junge Mann lächelt. Er hält eine Urkunde in der Hand, die ihm gerade von der Bürgermeisterin von Zwickau (SPD) übergeben wurde. Sie lächelt auch. Der NPD-Mann hat gewonnen: Er war der Schnellste und Zäheste im Wettbewerb „Schwimmen für Demokratie und Toleranz". Dafür wird er belohnt. Seine Parteigenossen schlagen sich auf die Schenkel vor Lachen. Den Politikern hat er es gezeigt! So kann es gehen mit solchen hohlen, mit dem Etikett „Demokratie und Toleranz" beklebten Veranstaltungen.[1]

Das Foto illustriert eindrucksvoll ein Dilemma der etablierten Parteien. Einerseits gibt es Nazis, die sich auf kommunaler Ebene etabliert haben. Andererseits werden die Programme für Demokratie immer unpolitischer; sie tendieren zu inhaltsleerem Aktionismus. Die Folge ist, dass immer mehr NPD-Kader fröhlich die Einladungen zum volkstümlichen Mitmachen ergreifen – so wie der flotte Schwimmer. Doch wer kann ernsthaft wollen, dass solche

---

1 Die Bürgermeisterin sollte kurz danach berühmt werden. Als der NSU sich im November 2011 selbst enttarnte, teilte sie allen mit, dass es nicht Zwickauer Trio heißen solle. Weil die nicht „von hier sind". Sondern aus Thüringen. (Anm. d. A. 2024)

wie er mit dem Gütesiegel „demokratisch und tolerant“ dekoriert werden, beglaubigt mit den Unterschriften von CDU und SPD?

Wir nehmen mal an, dass diese Preisverleihung ein Versehen war. Eigentlich wollen der Bund und die sächsische Regierung ja verhindern, dass Extremisten solche und ähnliche Veranstaltungen kapern. Deshalb verlangen sie von allen, die sich engagieren und dafür staatliches Geld für Urkundenpapier und Schwimmhallenmiete bekommen, dass sie per Unterschrift ihre Verfassungstreue bestätigen und versichern, nicht mit Extremisten zu kooperieren. Die Darsteller auf dem Foto haben das sicherlich alle getan. Denn wer sich weigert, so wie viele engagierte Leute mit weit originelleren Ideen, kriegt eben kein Geld. Was für ein Durcheinander!

Derselbe Staatssekretär wollte im vergangenen Jahr einer bürgerlichen Initiative in Hoyerswerda aus Prinzip einen Preis verweigern, weil eine der beteiligten Organisationen die Vereinigung der Verfolgten des Naziregimes (VVN) war. In Bayern gilt diese als verdächtig, eine Vorfeldtruppe der DKP zu sein. In Hoyerswerda sind es – naja – DDR-Altgläubige. Nicht schön, aber auszuhalten. Wenn in Deutschland heute Verfolgte des Naziregimes als gefährlich gelten, die NPD aber als Truppe, die gute junge Volksschwimmer für Demokratie ins Rennen schickt, dann sage einer, man hätte hier aus der Geschichte nichts gelernt!

Liebe beteiligte Politiker, sollte Ihnen das Foto peinlich sein, dann vermeiden Sie doch einfach von vornherein gemeinsame Auftritte mit Neonazis. Und lassen Sie ab von dem inhaltsleeren Geschwafel. Wenden Sie sich besser wieder den mutigen und interessanten Demokratieverteidigern zu.

2012

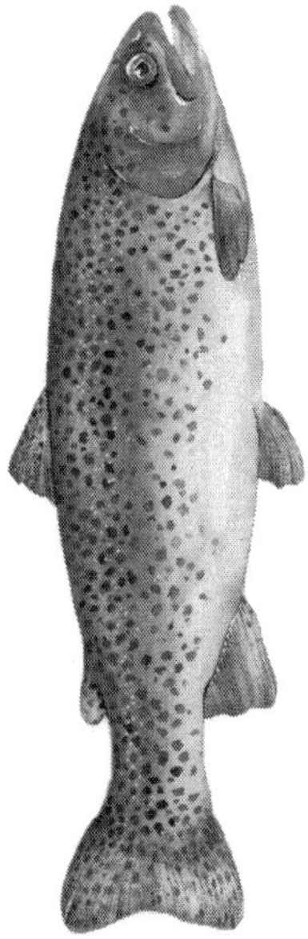

Arsch huh und Gesicht zeigen

14. Mai 2012

Folgt man dem Schwarm des Internets, gibt es in Deutschland nach Wortstatistik zweieinhalb Arten von Rassismus. Beim täglichen Check in den Suchmaschinen taucht die Begriffshülse Rassismus am häufigsten als etwas auf, gegen das man sich selbstverständlich wendet. Aktionen wie „Schweinau zeigt Gesicht gegen Rechtsextremismus, Rassismus und Antisemitismus" gibt es in unzähligen Varianten. Die Bekenntniskultur blüht: Schulen und Betriebe – überall spricht man sich gegen Rassismus aus, gut eingepackt zwischen Rechtsextremismus und Antisemitismus. Rote Karte, Flagge, Aktionswochen, Foren, Kampf, Telefon, Unis, Inis, Demos, meine Hand, Fußball, Zeichen oder gar „Arsch huh gegen Rassismus!". Das klingt wie ein Volkssport, bei dem weiße Deutsche faul am Computer sitzen.

Die zweitbeste Trefferquote hat das Wort Rassismus im Zusammenhang mit den USA. Da ist er bekanntlich zu Hause. Wenn dort Promis etwas Rassistisches sagen, steht es auch in Deutschland in der Zeitung. Den unterdrückten Schwarzen in Amerika gilt die Sympathie der Medien immer dann, wenn wieder etwas Schreckliches geschehen ist. Der Mord an dem jungen Schwarzen Trayvon Martin löste auch hierzulande Empörung aus. Die Amerikaner sind, das weiß hier jedes Kind, eben gottverdammte Rassisten.

Und schließlich findet der Schwarm einen Rassismus, den es gar nicht gibt. Deshalb kommt er auch nur halb vor. Ein Plakat mit lachendem Schwarzem Jungen, hinter afrikanischer Trommel sitzend, wirbt für eine Musikschule. Daneben steht: „Wir haben Rhythmus im Blut". Das ist natürlich nicht rassistisch, verteidigen sich die Macher. Ebenso wenig wie schwarz bemalte Schauspieler auf deutschen Bühnen mit oder ohne Affenkostüm, die Afrikaner oder generell Fremde darstellen. Oder lustige Karikaturen im Polizeikalender. Mit dicklippigen Schwarzen, die mal wieder Ärger machen. Das sei Freiheit der Kunst, heißt es dann. Und wenn Afrodeutsche vor Discos abgewiesen werden, dann gewiss nur, weil schon so viele Schwarze drin sind.

Alltagsrassismus – Feiertagsrassismus, alles nur Einbildung von oberempfindlichen „Betroffenen" oder schlimmer: von politisch Korrekten. Diejenigen, die hier das Sagen haben, entscheiden, was Rassismus ist und was nicht. Und da man ihn nur bei Amerikanern kennt oder bei richtig üblen Nazis, muss darüber auch nicht weiter nachgedacht werden.

Innenminister Friedrich berichtet von einem Anstieg von über 21 Prozent bei rassistisch motivierter Gewalt. Das kommt aus dem Bauch der Gesellschaft und nicht nur von durchgeknallten Nazis. Deutschland ist ein provinzielles Entwicklungsland mit seiner verleugnenden Sturheit. Der Schwarm ist dumm und ignorant, rassistische Wirklichkeit will niemand erkennen. Während hier von den „Fremden" Integration gefordert wird, entwickelt sich die globalisierte Welt schnell weiter. Da wird es Deutschland schwer haben mit seinem in die Vergangenheit gerichteten Blick, in der es noch eine weiße Herrenrasse gab. Nun muss sich diese weiße Gesellschaft selbst global integrieren – auch die deutsche. Dieses Land wird sich beeilen müssen, seine Bekenntniskultur gegen Rassismus in die Wirklichkeit zu übersetzen. Höchste Zeit, den „Arsch huh" zu machen. Ob Schweinau nun Gesicht zeigt oder nicht!

Kaninchenzüchter als Staatsfeinde

9. Juli 2012

Die letzten Tage zeigten, wie tief der Verfassungsschutz in Deutschland in der Krise steckt. Bei den Ermittlungen zu den Morden des NSU bemühten die Behörden zwar sogar Hellseher und Geisterjäger, doch nicht einmal sie haben die Ämter vom Versagen abhalten können. Hätte nicht wenigstens einer von ihnen den Ärger prophezeien können, den das Schreddern wichtiger Akten auslösen würde? Die Dummheit, Inkompetenz und Ignoranz der Geheimdienste, ihre politische wie fachliche Borniertheit gegenüber dem Rechtsextremismus machen fassungslos. Aus der Fassung geraten scheint der gesamte Verfolgungs- und Ermittlungsapparat in der Bundesrepublik zu sein, wenn es um Rechtsterror geht, wie sich jetzt in den Untersuchungsausschüssen herausstellt. Dennoch gibt es eine Steigerung von „fassungslos".

Bis vor einigen Monaten beklagten Vereine und Initiativen für demokratische Kultur und gegen Rechtsextremismus, dass sie eine Extremismusklausel unterschreiben müssen, durch die sie versichern, selbst keine Extremisten zu sein. Schließlich kämpfen sie gegen Rechtsextremismus. Also müssen sie das Gegenteil davon, nämlich Linksextremisten, sein. Wie bizarr und lächerlich das heute wirkt! Bizarr, weil nach dem Ermittlungs-GAU im Fall der Nazimörder das Ausmaß an Unverhältnismäßigkeit deutlich wird, das zwischen realem Rechtsterror und vermutetem Linksextremismus liegt. Lächerlich, weil der zuständige Minister wie einst der Kaiser mit seinen neuen Kleidern plötzlich nackt dasteht – abgefallen die Hüllen der Gleichsetzung von Rechts- und Linksextremismus.

Doch weil der Verfassungsschutz dabei so prima Arbeit geleistet hat, wird er nun mit einer neuen, großen Verantwortung betraut. Zukünftig bedeutet die Erwähnung in einem seiner Berichte für Vereine automatisch den Entzug der Gemeinnützigkeit und damit das Aus für ihre Arbeit. So steht es im neuen Steuergesetz.

Also nicht die Finanzämter gewähren oder entziehen das Steuerprivileg, sondern der Verfassungsschutz. Was heißt das für die Zukunft? Es heißt, dass eine wichtige Grundlage der Selbstorganisation der Bürger eine Angelegenheit des Geheimdienstes wird. Die Aufsicht über das Vereinswesen liegt nun also beim Verfassungsschutz! Ausgerechnet.

Wer also heute feixt, es würde ja nur „Linksradikale" treffen, irrt in zweierlei Hinsicht. Zum einen ist die Erwähnung von Nazigegnern im Verfassungsschutzbericht, wie wir nun wissen, recht willkürlich. Und zum anderen könnte es irgendwann auch mal die Kaninchenzüchter treffen, für den Fall, dass wir mal eine vegane Regierung bekommen oder eine, die aus anderen Gründen extrem kaninchenfeindlich ist. Dass Radikale nicht von Steuervorteilen profitieren sollen, sollte selbstverständlich sein; das Angebot an Verdächtigem ist groß! Auch in der rechten oder islamistischen Szene. Doch allein die Erwähnung im Bericht des Verfassungsschutzes kann nicht ausreichen. Denn dann erhielte er doch exekutive Aufgaben; könnte somit unmittelbar eingreifen in das Handeln der Bürger.

Akten über Nazis schreddern und V-Leute alimentieren – damit hat der Verfassungsschutz versagt. Und nun soll er Gesinnungspolizei im Vereinswesen werden? Im deutschen Vereinswesen? Eine Kultur der Verdächtigung und Denunziation, bei der ausgerechnet unser Verfassungsschutz den Schiedsrichter spielt, bringt eine Steigerung von „fassungslos": nämlich „verfassungslos".

Obsessive Ignoranz

25. November 2012

Schon eine Minute bevor der Expresszug an einer New Yorker U-Bahnstation für Bummelzüge vorbeidonnert, summt und rumpelt es in den Schienen. Dann leuchten die Scheinwerfer auf, und die stahlfarbenen Waggons zerschneiden kreischend die Luft auf dem Bahnsteig, während sie vorbeirasen. Drinnen ist der Lärm immer gleich. Er poltert im Rhythmus der alten Schwellen und durchquert ganze Stadtteile in nur wenigen Augenblicken.

Die Menschen in den Abteilen hören Musik oder lesen, manche reden miteinander, einige schlafen. Je voller der Zug, desto höflicher respektiert man den Nachbarn. Die Leute verständigen sich mit einem kleinen Lächeln über Platznot oder laute Jugendliche. Diese Sprache ist universell. Mir gegenüber sitzt ein Chinese, neben ihm ein Indio aus Mexiko und ein frommer Jude aus Brooklyn. Zwei Westafrikaner unterhalten sich im Stehen, eine dominikanische Frau setzt sich, ein Junge ist für sie aufgestanden.

New York ist die Stadt der Einwanderer. Alle hier sind irgendwann von irgendwoher eingewandert. Und während der Zug mit der ganzen Welt zur nächsten Haltestelle rast, fehlt hier etwas: die Konflikte um und mit Israel. Kaum ein anderes Thema bringt in Deutschland derart obsessive Leidenschaft hervor wie Israel und die Juden. Aus der Perspektive jeder zufälligen Gesellschaft in der New Yorker U-Bahn wirkt das absurd.

Der Nahostkonflikt ist wichtig, gewiss. Doch die Aufregung und Demagogie, die er im weißen Europa entfesselt, wirkt hier befremdlich. Die meisten New Yorker Einwanderer haben ihre Länder verlassen, weil sie tödlichen Diktaturen entkommen wollten oder korrupten Regierungen, Milizen, religiösen Fanatikern, Bürgerkriegen oder Diskriminierungen. Weil in dieser Welt viele Konflikte wichtig sind: Indien, Pakistan, Vietnam, Kambodscha, Kongo, Sudan, Mexiko oder Syrien. Verteilungskonflikte, Wachstumsschmerzen der

Globalisierung, Drogenkriege, unterdrückte Minderheiten, unterdrückte Frauen, unterdrückte Freiheitsrechte. Fragen wir nach, was die U-Bahnfahrer neben den Alltagssorgen beschäftigt! Der Nahostkonflikt mag einer von vielen sein.

Doch es ist ein Konflikt, der vor allem die Weißen umtreibt. Und unter ihnen besonders die Deutschen. Alles andere ist ihnen egal, ihre Obsession mit den Juden macht blind für die Entwicklungen in der Welt, für die Gefahren und für die Chancen. Allein in Brasilien sind in den letzten Jahren 20 Millionen Menschen in die Mittelschicht aufgestiegen, dreimal so viele waren es in China. Und in den arabischen Ländern protestieren die Menschen, weil es dort nicht so ist. Die Welt verändert sich.

Das alles hat nichts mit Israel und den Juden zu tun, obwohl dieser Eindruck sich aufdrängt, folgt man den deutschen Diskussionen um Gaza. Ständig geht es um den Nahostkonflikt, ums Finanzkapital, Verschwörungen, Kapitalisten. Und die Juden sind schuld an alledem.

Irgendwann hält auch der Expresszug mit quietschenden Bremsen, Leute steigen ein und aus. Und wieder ist es ein Ausschnitt aus einer Welt, in der Menschen andere Sorgen haben, als ständig über Juden nachzudenken. Wer das nicht versteht, bleibt am Ende auf einem jener Bahnhöfe zurück, an dem nur die Bummelzüge halten, während die Zukunft einfach vorbeidonnert.

2013

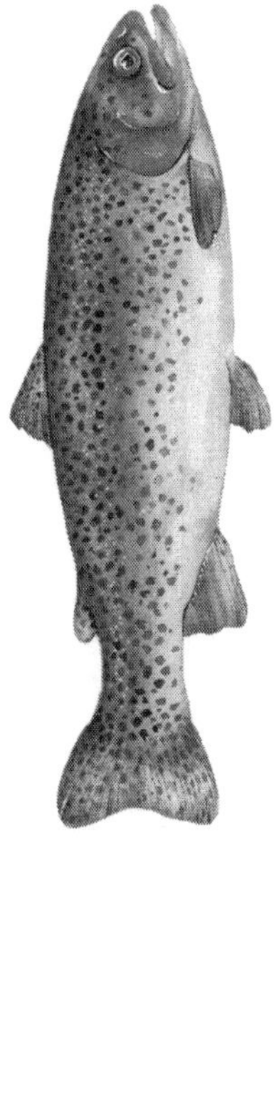

Erst mal versuchen zu verstehen

6. Januar 2013

Die große Aufregung in den Medien darüber, dass Jakob Augstein von einer jüdischen Organisation als einer der zehn schlimmsten Antisemiten der Welt bezeichnet wird, bringt viel bittere Aggression zutage. Es ist kein Fall Augstein gegen aufgebrachte Juden, sondern zeugt von einem weitverbreiteten Unvermögen in Deutschland, das Gegenüber wahr- und ernst zu nehmen.

Man erkläre einem Feuerwehrmann, um ein Beispiel zu nennen, dass an seinem Beruf nichts gefährlich sei. Schließlich habe man selbst schon einmal einen Herdbrand gelöscht. Oder einem Bauarbeiter, wie gesund doch Bewegung bei frischer Luft sei. Beide würden sich vermutlich auf dem Absatz umdrehen, weil sie keinen Sinn darin sehen, mit jemandem zu reden, der ihre Arbeitsbedingungen nicht kennt. Im Fall, dass sie sich einem solchen Gespräch dennoch stellen, wird es nach einigen Versuchen sicher laut und polemisch werden. Wen wundert das?

Wenn es um Israel geht und seine permanente und existenzielle Bedrohung vollkommen ausgeblendet bleibt, hat diese Ignoranz auf Menschen, die davon mehr wissen, eine ähnliche Wirkung. Wer die Grundlage der Lebensbedingungen eines anderen derart verkennt und auch keine Klärung zulässt, kann kein ernsthafter Gesprächspartner sein. Oder erntet derbe Polemik.

Die andere ebenso sichere Methode, jemanden zur Weißglut zu bringen, ist, ihm zu erläutern, was er gerade erlebt hat. Einem Schwarzen, der beleidigt und anschließend zusammengeschlagen wurde, zu erklären, dass der Täter auf gar keinen Fall Rassist ist, weil dies eine zu harte Unterstellung sei und man so „wirkliche" Rassisten verharmlose, ist zynisch. Das Opfer hat ja durchaus Grund zur Annahme, verhöhnt zu werden. So geht es vielen Menschen in Deutschland, die mit mehr oder weniger gewalttätigen Ressentiments konfrontiert sind. Solche Herabsetzungen fühlen sich umso schlimmer an, je unverschämter sie geleugnet werden. Das kennen alle, die in Deutschland Rassismus und Diskriminierung erlebt haben.

Doch auch Juden geht es so, selbst wenn sie seltener so offen diskriminiert werden wie zum Beispiel Schwarze. Auch sie werden sauer, wenn man ihnen andauernd erklärt, was an dem Verletzenden, das sie zu hören bekommen, nicht antisemitisch ist. Und daher auch nicht verletzend sein kann. Keines der uralten Klischees über die Juden als heimliche Drahtzieher, Weltenherrscher, Unfriedenstifter und Kindermörder, als Krebsgeschwür der Menschheit gilt als antisemitisch, sobald es sich auf Israel bezieht. Die Israelkritik heute, ganz gleich wie stereotyp sie daherkommt, etikettiert sich selbst stets als Öko-Packung des Politischen: natürlich, ohne giftige Zusatzstoffe, ohne historische Projektionen, ohne Vernichtungsfantasien, ohne Verschwörungstheorien – eben ganz ohne Antisemitismus. Klar, jede Debatte über Israels Politik ist möglich, solange sie in Anerkennung der Lage, mit Interesse für alle am Konflikt Beteiligten geschieht und möglichst giftfrei abläuft. Doch das ist bei Jakob Augstein – um es vorsichtig zu sagen – eher selten der Fall.

Am Ende soll Antisemitismus nur pure Einbildung von hartleibigen Zionisten sein? Und Rassismus eigentlich gar nicht so schlimm? Es wird Zeit, mit diesem Märchen aufzuräumen! Beides gehört zum deutschen Alltag. Und beides ist kein Kommunikationsproblem, sondern eine Sauerei.

Drei Wünsche sind nicht genug

1. September 2013

Wenn einem jemand drei Wünsche anbietet, die garantiert in Erfüllung gehen, was soll es dann sein? Gesundheit, Frieden, viel Geld? Oder doch lieber der schlauste aller Wünsche: der nach der Dauerwunschfähigkeit? Manches braucht viel, viel mehr als drei Dinge, die zu erledigen wären, damit das Ergebnis wie ein Wunder wirkt. Rechtsextremismus ist so ein Thema. Eine Dauerwunschfähigkeitsaufgabe. Heute wird der Abschlussbericht des NSU-Untersuchungsausschusses im Bundestag debattiert. Darin stehen 50 Empfehlungen, was im Detail zu verbessern wäre, damit sich das Debakel um die rassistische Mordserie nicht wiederholt. Alle Parteien sind sich einig darüber: Ein Staatsversagen wie im Falle der NSU-Morde darf nie wieder geschehen. Nie wieder! Nie, nie, nie! Das ist der erste Wunsch.

Doch dass der NSU überhaupt so viele Jahre morden und rauben konnte, mit ein wenig Hilfe ihrer zahlreichen Freunde, war nicht allein Verdienst der Nazis. Ohne das Kartell der Verharmloser, die nirgendwo Rassismus sehen, Nazis als eine Art Peter-Pan-artige verlorene Jungs betrachten, hätten es diese bösartigen Schlächter nicht schaffen können, über so lange Zeit so viele Menschen umzubringen.

Aber jetzt soll alles anders werden. Mit einem Mal sind alle zuständigen Mitarbeiter der Behörden schon „sensibilisiert" oder werden es demnächst sein. Ein gemeinsames Abwehrzentrum gegen „Extremismus" arbeitet bereits. Es fehlt dem Staat nicht an Strukturen. Und einige neue sind in Planung. Trotzdem ist es bisher nicht gelungen, rechtsextreme und rassistische Straftaten einheitlich zu erheben oder die Todesopfer rechter Gewalt als solche zu kategorisieren. Die gesamte Strafstatistik ist voller Fehler und intransparenter Kriterien. In manchen Bundesländern, wie gerade erst in Brandenburg, sind nun, zwei Jahre nach dem NSU-GAU, endlich auch die Todesopfer rechter Gewalt anerkannt worden, die bisher in der offiziellen Statistik fehlten.

In der Bundesrepublik befassen sich Tausende Beamte im Sicherheitssystem mit Rechtsextremismus. Pro Bundesland sind das: die Zuständigen im Verfassungsschutz und in den Staatsanwaltschaften, der polizeiliche Staatsschutz in den Landeskriminalämtern und Sondereinheiten der Polizei. Selbst in einem kleinen Bundesland kommt man auf eine dreistellige Anzahl Zuständiger. Das alles mal 16 Bundesländer und zusätzlich das Gleiche auf Bundesebene, plus das neue Abwehrzentrum und die gemeinsame Datei im Innenministerium.

Das ergibt allein Personalkosten im höheren dreistelligen Millionenbereich. Wenn es jedoch nicht einmal möglich ist, klare Kriterien für rechtsextreme und rassistische Straftaten zu entwickeln, was machen diese Menschen dann den ganzen Tag? Der zweite Wunsch wäre also, dass die Sicherheitsbehörden Antisemitismus und Rassismus erkennen und endlich in der Einwanderungsgesellschaft ankommen. Beides ist in Deutschland nämlich genau so präsent wie beinhart verleugnet.

Die 50 Empfehlungen des Untersuchungsausschusses jedoch sind der Anfang des dritten Wunsches, dem nach Dauerwunschfähigkeit. Dass wir in Deutschland das unbeliebte Thema Rassismus, Antisemitismus und Rechtsextremismus mit einem Fingerschnips loswerden, ist nur ein frommer Wunsch und damit leider unerfüllbar.

Die Reparatur der Welt

15. September 2013

Weit hinten, auf einem grauen Gelände am Stadtrand von Potsdam, trafen sich Leute, um ein Jubiläum zu feiern. Die Gebäude darauf sind mit ihren niedrigen Wellblechdächern und dünnen Pappwänden beispielhaft für den Stil von Barack und Neo-Barack der Nachkriegszeit. Vielleicht waren hier einmal Betriebskantinen oder Büros kleiner Firmen. Jetzt jedenfalls wird hier an der Reparatur der Welt gearbeitet.

Vor etwa 15 Jahren gründeten einige junge Leute die erste Beratungsstelle für Opfer rechtsextremer Gewalt, die „Opferperspektive". Seitdem haben sie täglich Tränen getrocknet, in verstörte Augen geblickt, Menschen in Krankenhäusern besucht und sie später in Gerichtssäle begleitet, damit sie eine Aussage machen können. Die Berater mussten mit zur Polizei, weil den Opfern nicht geglaubt wurde. Sie stritten mit Behörden, redeten mit Nachbarn. Kurz: Sie versuchen bis heute alles, damit hier in Deutschland die Perspektive der Opfer rechtsextremer Übergriffe wahrgenommen wird, ganz gleich ob es jugendliche Punks sind, Flüchtlinge, Einwanderer, Obdachlose oder zufällige Zeugen von Nazi-Gewalt.

Tikkun Olam heißt das, die Welt heilen. Zu Beginn des jüdischen Jahres ist das ganz besonders wichtig. Die Welt heilen, sie reparieren – du lieber Himmel – nichts weniger als das. Als gäbe es irgendwo einen Anfang in dieser krisengeschüttelten und von Krieg gebeutelten Welt. In Syrien sind sechs Millionen Menschen auf der Flucht, zwei Millionen haben aus Furcht das Land verlassen. Fangen wir also hier an. Deutschland, so sagen es Politiker im Wahlkampf, wird sich nicht an Kriegseinsätzen beteiligen. Das sei eine Lehre aus der deutschen Geschichte. Die Deutschen wissen, was Krieg und Besatzung bedeutet. Deshalb gehe das nicht.

Damit versteckt sich Deutschland hinter seiner einstigen Täterschaft und bleibt dabei – um seinetwillen und nicht wegen der betroffenen Menschen und Regionen, auf deren unübersichtliche Konflikte es sich nicht einlassen mag. Denn Krieg sei immer schlecht. Dass er auch eine Befreiung sein kann, haben die Deutschen wahrscheinlich nie empfunden oder aber längst vergessen. Das ist der Grund für Deutschlands Zurückhaltung. Nichts anderes. Doch weshalb sagen die Deutschen nicht der gleichen Welt, der sie ihre Gründe erklären, dass sie stattdessen Flüchtlinge aufnehmen?

Nicht nur 5000 syrische Christen, um deren Rettung die Kirchen das Innenministerium auf Knien angebettelt hat. Sondern so viele, wie Deutschland seiner Geschichte schuldet.

Es ist unaufrichtig, zu sagen: Wir können uns an keinen Einsätzen beteiligen wegen unserer Vergangenheit. Aber Flüchtlinge – tut uns leid – können wir auch nicht aufnehmen. Weil „unsere Menschen" das nicht wollen. Sie sind zu sehr mit sich beschäftigt und neigen zu Rassismus. Also weder das eine noch das andere?! Das ist ein zynischer Missbrauch des deutschen Sonderstatus in der Welt.

Tikkun Olam, die Welt heilen, die Perspektive der Opfer einnehmen und sie begleiten. Eine Werkstatt, die Welt zu reparieren, sollte auch Deutschland sein. Selbstverständlich gibt es dafür einen Anfang. Flüchtlinge aufzunehmen wäre einer. Sie ernst zu nehmen und sie zu beschützen vor den Folgen der deutschen Vergangenheit.

Das Alte ist noch nicht alle

13. Oktober 2013

Manche Redewendung, die es nur auf dem Lande gibt, passt eigentlich ganz gut in unsere Zeit. Die von Opa Stanke gehört dazu. Mit einem Kissen unterm Ellenbogen schaute er aufmerksam auf das Geschehen in seinem Dorf. Und wenn jemand kam und fragte: „Na, Heinz. Was gibt's denn Neues?", dann antwortete er lächelnd und wahrheitsgemäß: „Das Alte ist noch nicht alle."

Das ist die Grundregel jeder Soap oder Sitcom. Das Alte wird nie alle, das Neue kommt nur dazu. Und wenn man den Dramen des Lebens folgen will, braucht es vor allem eines: Humor, sonst wäre es nicht zu ertragen.

Nehmen wir das Thema Umgang mit Rassismus, Antisemitismus und Rechtsextremismus. Als in den 1990er Jahren Jagd auf Menschen gemacht wurde, die damals noch Ausländer hießen, machten viele Bürgermeister die Opfer selbst dafür verantwortlich. „Was gehen die auch abends raus?", hieß es. Und den Jugendlichen, die von Nazis verprügelt wurden, weil sie keine Nazis sein wollten, riet man allen Ernstes, sich doch einfach anzupassen.

Damals meinten selbst hochrangige Politiker, dass es besser sei, die Nazis zu ignorieren, statt sich ihnen in den Weg zu stellen. Denn wer das tue, mache sie erst zu Nazis. Wenn Kameraden durch die Innenstädte marschieren, solle man sie besser laufen lassen.

Gegendemos bringen Presse, dadurch verliere die Stadt ihre Reputation. Touristen bleiben aus, Arbeitsplätze gehen verloren. Und aus Arbeitslosigkeit, weiß man ja, entsteht automatisch noch mehr Rechtsextremismus. Deutsche Menschen sind nun mal so, sobald sie arbeitslos werden. Also, wer ist schuld am Erstarken der Nazis? Richtig, diejenigen, die sie zum Thema machen.

Heute liegen die Dinge anders. Freilich halten an manchen Orten die Stadtobersten noch am Alten fest und verteidigen ihre Nazis und Rassisten als ganz normale, unbescholtene Bürger, die man nicht ärgern darf, indem sie „in eine Ecke gestellt werden, in die sie nicht gehören".

Heute sind die Erklärungen dazu etwas differenzierter: Israelhasser sind Kritiker des Imperialismus und keine Antisemiten, die Polizei ist niemals rassistisch, sondern geht nur Verdachtsmomenten nach, und in der Jugendarbeit darf ein Nazi mit kleinen Jungs boxen, denn seine politische Meinung spielt hier gar keine Rolle. Und eine einzige der vielen Brücken, die ins Nichts führen, kostet weit mehr, als der deutsche Staat für Demokratieinitiativen auszugeben bereit ist.

Würde jemand eine TV-Soap anhand der Ereignisse um die NSU-Morde machen, könnte der Zuschauer viele Krokodilstränen sehen, die über die Opfer der Nazis vergossen werden. Die Familien der Toten würden dabei als Filmkulisse missbraucht, denn das „Zusammenleben verschiedenster Nationalitäten" scheitert bereits an diesem dummen Spruch – vom Alltag der Einwanderer ganz zu schweigen.

Parallel dazu hätte ich gern eine Sitcom über die Polizei und den Verfassungsschutz mit ihren bizarren Strukturen und Beamten gesehen. Allen voran der ehemalige Präsident des VS in Thüringen. Ein schriller Typ, der auf Veranstaltungen auch gern mal über die „guten Seiten des Nationalsozialismus" redete. Das war der, der mit schwarzen Füßen barfuß durch seine Behörde radelte, um mehr Geld für Nazis aufzutreiben. Die sich dann als V-Leute tarnen konnten. Das war schon komisch. Und heute haben manche Angst, dass ihnen Flüchtlinge, die mit dem Leben davongekommen sind, die Gartenzwerge vom Balkon klauen. Opa Stanke hat recht: „Das Alte ist noch nicht alle!"

Die Synagoge von Stavenhagen

10. November 2013

Die kalten Lichtstrahlen der Handys huschten gleich von verschiedenen Seiten durch den dunklen, großen Raum. Zitternd und wackelig tasteten sie vorsichtig die hohen Fachwerkwände ab. Jemand aus der Gruppe stolperte über ein Häufchen Bauschutt. Ein Lichtstrahl flog in die Richtung, woher das „Huch!" kam. Alles gut, nichts passiert. Dann ein „Ahh" und „Wow" und „Donnerwetter!". Die Kantorin schmetterte, um die Akustik zu testen, ein ironisches „Huhuhuu". Ein wenig Halloweenstimmung lag in der Luft. „Da war die Frauenempore und dort der Aron haKodesch, der Thoraschrein", sagte der kundige Bauleiter, dessen zappelndem Lichtstrahl nun alle aufmerksam folgten.

Der 9. November in Mecklenburg-Vorpommern, Stavenhagen. Man ist hier stolz auf den Dichter Fritz Reuter. Ihm sind ein Denkmal gewidmet, das Museum, eine Schule, die Bibliothek, etliche Straßen und Plätze und nicht zuletzt der Ehrentitel: Reuterstadt Stavenhagen! Stavenhagen ist keine arme Stadt, die Gässchen mit den Fachwerkhäuschen, das Schloss, der Rathausplatz mit Apotheke und dem kleinen Hotel sind proper restauriert. Alles, bis auf die alte Synagoge, die direkt hinter dem ehemaligen Wohn- und Lehrhaus des Rabbiners steht. Beides gehört heute der Enkeltochter jenes Mannes, dem das Anwesen von der jüdischen Gemeinde unter Zwang verkauft werden musste. Er machte eine Tischlerwerkstatt daraus.

Die letzten neun Juden aus Stavenhagen wurden 1942 deportiert. Kurz zuvor hatte der Mob von Stavenhagen noch ein behindertes jüdisches Kind erschlagen, das sich nur mit Hilfe eines kleinen Leiterwagens durch die Stadt bewegen konnte. Nach dem Krieg verfiel die Synagoge, das Vorderhaus diente als Wohnung. Die Enkeltochter erbte das Anwesen nach dem Ende der DDR, sanierte und vermietete das Vorderhaus, und die Synagoge verfiel weiter. Weder die Stadt noch die Eigentümerin änderten etwas daran.

Eines der schönsten synagogalen Lieder heißt Ledor Vador. Es handelt davon, dass von Generation zu Generation weitergegeben wird, was das Judentum ausmacht. Der Kreis des Lebens, immer wieder, immer anders und doch gleich. Wenn die Kantorin Mimi Sheffer es mit ihrer warmen Stimme singt, spürt man neben Zuversicht, Wehmut und der Würde dieses Gedankens auch den Schmerz darüber, dass eine ganze Generation in der Shoa verloren ging.

An diesem Novemberabend im Saal des Schlosses von Stavenhagen beendeten diese Lieder den Festakt für den Rohbau. Trotz des Misstrauens gegenüber dem Vorhaben ist es gelungen, die Synagoge zu retten. In dem Trägerverein sind unter anderen die Enkeltochter des Ariseurs, Vertreter der Stadt, ein Rabbiner, ein junger Punk, eine Lehrerin und zwei Nachfahren jener Stavenhagener Juden, über die Fritz Reuter einst so freundlich geschrieben hatte. Lange arbeiteten sie alle daran, stritten und suchten nach Kompromissen, bevor die verrotteten Wände der Synagoge wiederaufgebaut werden konnten.

Auf der Baustelle der alten Synagoge verflog die Anspannung vergangener Mühen mit dem lustigen „Huhuhuu" der Kantorin, als sie die Akustik testete. Das Handylicht fand ihr Gesicht. Sie lächelte, zufrieden wie die anderen auch. Es ist ein 9. November geworden, der vielleicht ein kleines Stück vom Verlorenen zurückzugeben vermag. Man wird sehen.

Maria und Josef bekommen kein Asyl

22. Dezember 2013

Die Weihnachtsgeschichte beginnt mit Maria und Josef. Sie, hochschwanger, sitzt auf einem langsam dahintrottenden Esel, er läuft neben ihr. Es ist richtig kalt. Maria hat alle ihre Tücher übereinandergelegt, um sich damit gegen den eisigen Wind zu schützen. Die Wehen setzen ein. Josef muss sofort eine Bleibe für sie finden. Er klopft an Türen, wird abgewiesen, geht weiter, fragt und bettelt um ein Zimmer, denn Maria schreit bereits vor Schmerz.

Es ist verdammt kalt um die Weihnachtszeit. Zelten macht da gar keinen Spaß. Über 200 000 Menschen aus Syrien leben allein in Flüchtlingslagern in der Türkei. Weitere 600 000 sind dort irgendwo untergekommen. Insgesamt 2,6 Millionen Syrer sind auf der Flucht. Deutschland hat bisher 2000 aufgenommen.

Auch Menschen aus Afrika und Asien versuchen ihr Leben zu retten. Wir können nicht alle aufnehmen? Sicher. Doch Zahlenhuberei und Zynismus über das Elend der Welt bringen nicht weiter. Wer rechtfertigen will, dass Deutschland sich nicht so schoflig und kaltherzig abgrenzt, sollte sich andere Zahlen in Erinnerung rufen. Infolge des Zweiten Weltkriegs geriet die Welt aus den Fugen. Mehr als 50 Millionen Menschen starben. Aus Deutschland flohen Menschen vor dem Furor des antisemitischen Hasses, und hierher wurden am Ende viele Deutsche aus dem Osten vertrieben.

Doch das ist nicht alles. Menschen wurden deportiert, zwangsumgesiedelt: in der Sowjetunion, in Polen, der Tschechoslowakei, dem Balkan, Nordafrika, in China, Japan und anderen Orten. Die Zahl der Geflohenen wird auf über 100 Millionen geschätzt. Und das, weil Deutschland diesen Krieg begonnen hat, aus keinem anderen Grund! Deutschland ist das Land der Vertreiber und der Vertriebenen. Es hält in dieser Disziplin noch immer die Weltmeisterschaft. Und macht heute seine Grenzen dicht.

Doch nun noch einmal zu Maria und Josef. Die Geschichte könnte sich auch so zugetragen haben: Nach dem Herumirren sind sie in einem Stall untergekommen. Maria musste auf Stroh entbinden, gleich neben Ziegen und Kühen. Josef regte sich furchtbar auf und rieb am Ende das Neugeborene mit Tüchern ab. Etwas später ist die junge Familie von drei Weisen besucht worden. Einer brachte ihnen als Geschenk die Charta der Menschenrechte mit. Der zweite feierlich das Grundrecht auf Asyl und der dritte schließlich das Recht auf Freizügigkeit. Es waren drei freundliche Beamte von Frontex, dem europäischen Abwehrkommando gegen Flüchtlinge. Bei der Gelegenheit wiesen die Beamten natürlich auf das Kleingedruckte hin: ein Visa-Abkommen mit der Türkei, damit von dort keine aus Syrien gestrandeten Flüchtlinge mehr ins Abendland „durchsickern". Nun ist die letzte Lücke geschlossen, und die glänzenden Geschenke an die Heilige Familie sind sinnlos, sollte sie doch nach Europa wollen.

Vor Lampedusa sind tausende Menschen ertrunken. 300 von ihnen schafften es 2013 in die Nachrichten. Vor Flüchtlingsheimen grölen Nazis ihr Ressentiment aus dem Bauch. Doch vor weit mehr Flüchtlingsheimen stehen jetzt geschmückte Weihnachtsbäume und Nachbarn bringen Kuchen und Geschenke für die Kinder. Lichterfest oder Weihnachten, den Kindern ist das egal. Sie spielen mit kleinen Figuren Mutter, Vater, Kind. Dazu ein Esel, eine Kuh und eine winzige Ziege, die dem Neugeborenen in der Krippe ein gutes und friedliches Leben wünschen.

2014

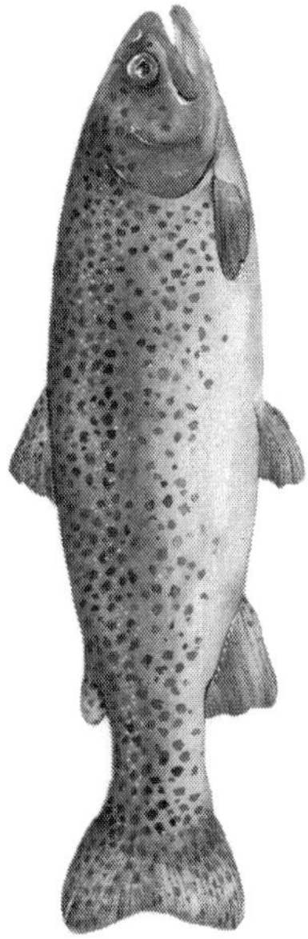

Ohne Beschämung

11. Mai 2014

Kinder sollten „beschämungsfrei" lernen dürfen, sagen Bildungsforscher. Sie dürfen in der Schule weder vorgeführt noch gedemütigt werden. Wer systematisch beschämt wird, lerne nur, andere zu erniedrigen, um sich selbst besser zu fühlen. Das scheint in Deutschland zur Norm geworden zu sein, denn sonst bräuchte es dieses seltsame Wort gar nicht.

Die übelste Form der Abwertung ist Rassismus. Und dass der zu Staatsversagen führen kann, hat uns die Geschichte des NSU gezeigt. Eine Naziterrorgruppe mordet über Jahre unerkannt. Und nachdem sie auffliegt, wundert sich das ganze Land über das Ausmaß eines begünstigenden Rassismus in vielen Behörden. Er war einer der Gründe ihres Versagens. Der Rassismus bei Polizei und Verfassungsschutz ist bis jetzt weitgehend unangetastet geblieben. Zur Verfolgung des Rechtsextremismus gab es hier und da Umstrukturierungen, die eine oder andere neue Personalie, doch über den Rassismus in den eigenen Reihen mögen die Vertreter der Behörden bis heute nicht sprechen.

Oliver ist Buchhändler, er hatte sogar mal einen eigenen Laden. Als er ihn aufgeben musste, tat er es auch, weil er keine Lust mehr hatte, täglich von Kunden und Lieferanten beschämt zu werden. Oliver ist Deutscher und Schwarz. Seit er sich erinnern kann, war er stets exponiert, immer unter Rechtfertigungsdruck und beschämt von Kindheit an. Heute arbeitet er zu Hause, das ist ihm lieber. Wenn er auf seinem Fahrrad durch die Stadt fährt, wird Oliver oft von der Polizei angehalten und kontrolliert. Auf Drogenbesitz, auf ungültige Papiere, auf Schmuggelware. Auf Verdacht. Auf jeden Fall.

Eine ungesunde Situation, denn zeigt sich Oliver dabei beschämt, empört oder gar sauer, bringt er die Polizisten erst recht gegen sich auf. Es ist schwer für ihn, dann gelassen zu bleiben.

Doch er tut es. Die Polizeibeamten dürfen eigentlich kein „Racial Profiling" anwenden und verbitten es sich, wenn das Wort Rassismus in Hörweite fällt.

Die Diskussion um Rassismus nach dem NSU-Desaster hat aufgehört, bevor sie anfangen konnte. Dennoch – es soll jetzt Maßnahmen für Mitarbeiter von Polizei und Verfassungsschutz geben. „Interkulturelle Kompetenz" soll ihnen vermittelt werden und „interkulturelle Sensibilisierung". Und wie? Naja, durch Vorträge und Besuche in Moscheen und Synagogen. Als ob das helfen würde. Rassismuskritische Polizeiarbeit jedoch bei Ermittlungen und auf der Straße, wie sie etwa in Großbritannien Standard ist, wird in Deutschland so nicht zu erreichen sein.

Der Grundsatz der Gleichbehandlung ist zwar auch in Deutschland Gesetz. Aber das reicht nicht. Neben einem politischen Bekenntnis gegen Rassismus bräuchte es auch eine entsprechende Personalpolitik. Aber so schnell, wie Oliver unter Verdacht gerät, so langsam trennen sich Behörden von Mitarbeitern, die offen rassistisch sind. Und der Rest? Fortbildung ja, aber „die Problematik" soll sensibel gehandhabt werden, sonst blocken die Beamten nur, heißt es. Und selbstverständlich muss beschämungsfrei mit den Kollegen umgegangen werden. Angesichts der vielen Opfer von Rassismus, besonders der des NSU, ein anmaßender Wunsch. Aber warum nicht? Vielleicht lernen die Beamten ja dadurch, wie es Oliver Tag für Tag ergeht.

Der Judenhass der Querfront

20. Juli 2014

Am Wochenende kam es am Rande von Demonstrationen zum Gaza-Konflikt zu antisemitischen Ausschreitungen. Was vor zehn Jahren noch wie ein Zufall erschien, wird nun offen zelebriert: die Querfront von Linken, Rechten, Muslimen und vermeintlichen Antirassisten unter dem Banner der Hamas gegen Israel und die Juden. Gleichermaßen hysterisch wie diszipliniert, als ob es einen Ein- und Ausschaltknopf gebe, wallte der Hass gegen Juden auf, nur halbherzig verborgen hinter dem Wort Israel.

Wer in Deutschland „Schlachtet die Juden!“ oder „Jude, Jude, feiges Schwein ...“ oder „Brenn, Jude!“ lauthals durch die Straßen brüllt, der meint, was er sagt. Ich weiß es, genauso wie ein Schwarzer weiß, wann ihm Rassismus im Auge seines Gegenübers begegnet. Oder ein Moslem, wenn über seine angeblich genetisch bedingten Mängel diskutiert wird.

Wer sind die Antisemiten, Israelhasser und Hamas-Verteidiger dieser Tage? Meinem Eindruck zufolge geht es nicht um Gaza. Vermutlich ging es noch nie darum. Der Hass auf den Straßen hat eine tiefere Dimension. Antisemitismus, so heißt es bei den meisten vernünftigen Menschen, habe mit den Juden gar nichts zu tun. Er sei reine Projektion, ein Wahn, eine Theorie, um jemandem die Schuld geben zu können für alles, was es an Übel in der Welt gibt. Das ist richtig, und doch ist mit dem Antisemitismus heute etwas Jüdisches gemeint, das viele überfordert.

Mit dem Judentum kamen die Zehn Gebote, das Gesetz, das den Glauben an Naturgewalten und kollektive Bestrafung ablöste. Es entstand das Gewissen des Einzelnen, die Eigenverantwortung, das Individuum und damit die Voraussetzung für Demokratie und den Kampf um eigene Rechte.

Genau das ist es, was die Hamas ablehnt, denn das machen islamistische Fundamentalisten so. Sie wollen keine moderne Gesellschaft. Und die anderen? Den Rechten gefällt das autoritäre Menschenbild der Hamas, für sie sind es stolze Nationalisten, die wissen, wo Frauen, Kinder, Schwule und Juden hingehören. Was treibt Linke in diese antiemanzipatorischen Arme? Ihre Version von Antiimperialismus mit seinen Ungerechtigkeiten. So sehen das auch viele Antirassisten. Der Gaul Antikapitalismus auf seinen antisemitischen Beinen muss sie nun alle tragen: religiöse Fundamentalisten, Linke, Nazis, Neurechte und so manche Aktivisten gegen Rassismus. Doch wohin?

Ich verstehe nicht, wie man sich unter dem Mantel der terroristischen Hamas verstecken kann, um zu protestieren! Ganz gleich, wogegen. Es sei denn, man verachtet die westlichen Demokratien. Worum geht es also bei den Demos Hamas versus Israel? Worum geht es beim Antisemitismus? Ich denke, dass hier die libertäre Entwicklung in einer globalisierten Welt zur Debatte steht, durch die für immer mehr Gruppen weltweit Menschenrechte möglich werden. Das ist ein emanzipatorischer Prozess, der die Demokratie braucht. Deswegen muss sie selbstkritisch sein, aber auch geschützt und verteidigt werden. Unrecht in der Demokratie, das kenne ich zur Genüge aus der täglichen Arbeit gegen Rechtsextremismus und Rassismus. Deshalb und um im Bild zu bleiben: Ich möchte lieber gegen Unrecht in Israel kämpfen dürfen, als in einer Hamas-Gesellschaft zu leben, in der ich keine Rechte habe.

Auch Europa hat Probleme mit Rassismus

7. Dezember 2014

In der Nähe vom Montmartre verläuft die Rue Lepic, heute eine teure Touristenfalle. In den 30er Jahren lebten hier arme Leute und Künstler, die den Blick über die Dächer aus ihren zugigen Mansardenzimmern liebten. Nach dem Einmarsch der Deutschen war es damit vorbei.

Heute stehen vor dem Moulin Rouge Besucher aus aller Welt. Wenige Stationen vom Montmartre entfernt trafen sich gerade europäische Antirassismus-Organisationen. Sie wollen wissen, wie man in Deutschland erinnert. 2015 ist der 70. Jahrestag der Befreiung. Wie begehen ihn die Deutschen? Wie gedenken sie der Opfer? Der Tod ist ein Meister aus Deutschland, sagte Paul Celan. Sind die Deutschen jetzt Meister im Erinnern?

In Dresden vor dem Hauptbahnhof steckt ein riesiges Messer im Asphalt, das an die Ermordung von Marwa el-Sherbini erinnern soll. Nach ihrem Mord gab es Trauer und Proteste. Ein Mann hatte sie mit 16 Messerstichen niedergestreckt, weil sie es sich als Muslima herausgenommen hatte, mit rechtsstaatlichen Mitteln gegen Rassismus vorzugehen. An jenen Protesten gegen Rassismus beteiligten sich weit weniger Menschen als jetzt bei Pegida, den sogenannten patriotischen Europäern gegen die Islamisierung des Abendlandes.

Wie kann ausgerechnet in Dresden von Islamisierung fantasiert werden? Noch machen die Leute von Pegida einen Bogen um das Messer im Asphalt, während sie gegen „Flüchtlingsströme“ protestieren. Wenigstens werfen sie keine Steine und scharfe Böller in die Fenster von Flüchtlingsheimen, wie andernorts bereits geschehen.

Das Jahrestreffen der ca. 30 Grassroots-Organisationen in Paris beschäftigt sich mit Fragen der Erinnerung. In Frankreich wurde erst 1995 von einer Mitschuld der Franzosen am Holocaust gesprochen, in Ungarn leugnet die Regierung, jemals an den Verbrechen der Nazis beteiligt gewesen zu sein. Die Bulgaren sind stolz, ihre Juden beschützt zu haben, verschweigen aber, dass sie jene aus Griechenland und Mazedonien in die Züge nach Auschwitz setzen ließen.

Im Baltikum hat beinahe jede Partei die Auslöschung jüdischen Lebens dazu instrumentalisiert, das Pro und Kontra der Sowjetherrschaft zu begründen. Die Erinnerung an die Opfer fällt auch in Polen schwer, und die Griechen haben sich schuldig gemacht, als sie die Juden aus Thessaloniki in den Tod trieben. Europa, das Opfer der Deutschen und ihres Krieges, Europa, der Kontinent der Kollaborateure. Europa heute, während der Rassismus wieder erstarkt.

Gibt es bei der Erinnerung schon keine Klarheit, wie soll man dann die Herausforderungen der Gegenwart bestehen? Erhält die Verfolgung von Minderheiten wie Juden und Roma keinen Platz im kollektiven Gedächtnis Europas, wie soll es seine Vorurteile dann hinter sich lassen und offen werden für den Rest der Welt? Da hilft auch kein Zeigefinger in Richtung USA. Europa hat sein eigenes Problem mit Rassismus und Antisemitismus.

Etwa eine Stunde vom Montmartre entfernt, in Créteil, einem Vorort von Paris, wird nach dem Überfall auf ein junges jüdisches Paar gegen Rassismus und Antisemitismus demonstriert. Politiker warnen mit hohlen Worten – auch in Frankreich. Und schauen mit weit geschlossenen Augen in die Zukunft.

2015

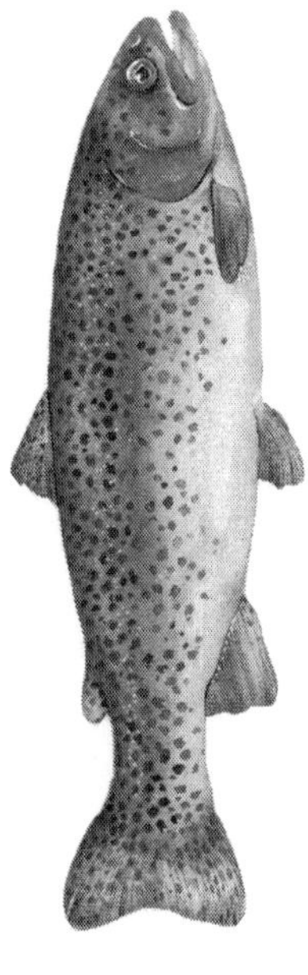

Was Helmut Kohl bei der Wiedervereinigung vergaß

4. Januar 2015

Angela Merkels Neujahrsansprache war einer Queen würdig, denn sie überraschte damit, ein bisschen Dissens zu wagen. Ihre Worte zu Pegida für mutig zu halten, zeugt jedoch von Kleingeist. Die Deutschen sind auch nicht verwöhnt in dieser Hinsicht, denn niemals zuvor hatte es eine vergleichbare Ansprache gegeben, obwohl sie bitter nötig gewesen wäre. 1991/92 beispielsweise sprach der damalige Bundeskanzler Helmut Kohl von der Vollendung der Vereinigung.

Eine erstaunliche Feststellung, schien doch in jener Zeit nichts ferner zu liegen als die Einheit Deutschlands mit all seinen Bewohnern. Der Osten wurde gerade abgewickelt. Die Ostdeutschen steckten tief in einem Gefühl der Anomie, jener garstigen Mischung aus Anarchie und Ohnmacht, die Wut erzeugte. Der Geist der Gestaltung war mit den Runden Tischen irgendwohin verschwunden. Vorbei auch die Zeiten von „Wir sind das Volk“ oder „ein Volk“.

Diese Slogans der Wende werden bis heute als das Gute in der deutschen Geschichte glorifiziert, so wie jene, die sie riefen, rundum als Bürgerrechtler im Kampf gegen die Diktatur der SED gelten. Dem Ruf nach Bürgerrechten jedoch fehlte schon damals die universalistische Dimension. Bis auf sehr wenige Ausnahmen war den Rufern das Schicksal von Minoritäten und Ausländern im allerbesten Falle herzlich egal.

Jedem, der nicht das unverdiente Glück hatte, eine Mehrheitsperson zu sein, wurde mit aller Herzenskälte klargemacht, dass er oder sie im Kollektivschrei nach dem Recht des Volkes nicht mitgemeint war. Dass Helmut Kohl 1991/92 von der Vollendung der Einheit sprach, verdeutlicht, dass auch er als Repräsentant der alten Bundesrepublik die beginnende Hatz gegen die „Andersartigen“ willentlich und wissentlich in Kauf genommen und politisch benutzt hat.

Die Pegida-Bewegung bringt deutsche Kernthemen auf. Alles, was damals von Kohl ungefühlt und ungedacht blieb, tritt nun zutage. Er hätte den Ostdeutschen sagen müssen, dass „Wir sind ein Volk" auch bedeutet, sich mit 7 Millionen Ausländern zu vereinigen. Und dass das Recht auf Asyl nicht nur für Republikflüchtlinge aus der DDR galt, sondern einen Grundsatz der deutschen Demokratie darstellt.

Er hätte sagen sollen, dass Deutschland eben doch ein Einwanderungsland ist. Stattdessen vergiftete die Bundespolitik damals das Klima für alle Migranten mit der Praxis, sie so schlecht wie möglich zu behandeln, damit nicht noch mehr kämen. „Wir sind das Volk" wurde dann auch vor dem Flüchtlingsheim in Rostock skandiert, während der Mob unter den Augen der Polizei Feuer legte. Kohl hätte sagen können, dass Derartiges keineswegs zur Identität eines Deutschen gehören könne.

Es ist spät, aber nicht zu spät. So als hätte die Bundesrepublik 25 Jahre stotternd daran geübt, kommt nun einiges davon aus Merkels Mund. Ihre Neujahrsansprache bedeutet aber weit mehr, als es diese relativ kleine Bewegung verdient. Die multikulturelle Gesellschaft ist eben nicht tot im Gegensatz zu dem, was Queen Merkel noch vor einigen Jahren behauptet hatte. Ihre Rede war deshalb ein guter Schritt, der – wenngleich nur stockende – Lernfähigkeit belegt. Nun: Warten wir auf die Fortsetzung von „The Queen's Speech". Darin müsste es dann endlich um Rassismus gehen, dem offensichtlich wundesten Punkt in der gesamtdeutschen Seele.

Der deutsche Opferstolz

1. Februar 2015

Sätze können sehr verschieden klingen; es kommt immer auf die Perspektive an. Der Jubel über die Rede des gerade verstorbenen Richard von Weizsäcker, als er vor 30 Jahren sagte, Deutschland sei vom Nationalsozialismus befreit worden, wirkte auf einige verstörend. „Ja, was denn sonst?", fragten sich vor allem die Überlebenden des Terrors. Ihnen jedoch Weizsäckers Mut und Größe zu erklären, das Selbstverständliche auszusprechen, haftet bis heute etwas Zynisches an. Weizsäckers Rede kam spät, war aber richtig. Bedrückend bleibt, dass sie zum Anfang des deutschen Sündenstolzes wurde, der sich zwar zu den Verbrechen bekennt, daraus jedoch Selbstgefälligkeit ableitet.

Einige Beispiele. Jeder weiß inzwischen, dass jüdische Einrichtungen fast im Minutentakt mit Hass konfrontiert sind: Anrufe, Briefe, Mails, Drohungen von Absendern aus allen Bevölkerungsschichten. Deshalb werden diese Einrichtungen bewacht. Auf der Straße kommt es mitunter auch zu Angriffen auf Juden, und bei Demonstrationen sind antisemitische Statements nichts Außergewöhnliches – schon gar nicht angesichts der Weltlage. Dass Juden deshalb mitunter ein Gefühl der Unsicherheit ausdrücken, könnte man als verständlich betrachten.

Deutschland leistet sich ein Zentrum für Antisemitismusforschung, das da ganz anderer Meinung ist. Es findet diese jüdische Perspektive – um es kurz zu machen – subjektiv, parteiisch und irgendwie übertrieben. Der tägliche Druck, den Juden spüren, erscheint eher unsachlich. Zu beurteilen, was Antisemitismus ist und wie stark er sich äußert, sei Sache der Nicht-Juden. Wohl auch aus diesem Grunde arbeitet im Zentrum für Antisemitismusforschung kein einziger Jude. Sie sind wohl zu befangen.

Und die Täterperspektive? Ist sie im deutschen Sündenstolz aufgegangen oder ganz verschwunden? Die Expertenkommission gegen Antisemitismus beim Bundestag kommt auch ohne ein einziges jüdisches Mitglied aus. Wäre auch eine Konferenz gegen Islamhass ohne Muslime vorstellbar? Oder eine Kommission gegen Sexismus ohne Frauen? Oder ein Antirassismus-Konvent ohne People of Color? Klingt zu Recht lächerlich. Bei Juden ist das etwas anderes. Der deutsche Opferstolz braucht keine jüdische Perspektive. Er ist sich selbst genug.

Bundespräsident Joachim Gauck sagte zum Jahrestag der Befreiung von Auschwitz, dass dieser Ort zur deutschen Identität gehöre. Er verband das mit der Aufforderung an alle Einwanderer, ebenfalls der deutschen Sündengemeinschaft beizutreten. Verkürzt gesagt: Wir alle sind Auschwitz. Und wenn ihr hier mitmachen wollt, müsst ihr die gleiche Bürde auf euch nehmen wie wir und dürft, wie wir, deshalb nicht antisemitisch sein. „Unser" Deutschland hat nun einmal diesen Makel in seiner Textur, und damit müsst nun auch ihr leben. Diese Perspektive steht ganz in der Tradition des deutschen Stolzes.

Joachim Gauck hätte allen, einschließlich der Einwanderer, sagen können, dass trotz der Verbrechen von Auschwitz die Cohns und Levys zur deutschen Identität gehören. Ihre Perspektive ist Teil unseres Selbstverständnisses. Und weil wir das wissen, wird eure Perspektive ebenfalls dazugehören. Doch auf eine solche Rede werden wir wohl noch warten müssen.

Schweigen wird uns vergiften

26. April 2015

Das Schiff legt ab. Es brummt und ruckelt und macht sich daran, den Bosporus von Asien nach Europa zu überqueren. An Deck stehen und sitzen hunderte Armenier aus dem Exil, Türken, die vom Verdrängen genug haben, und Freunde von überallher, die an den Genozid erinnern wollen. Als das Schiff Fahrt aufnimmt und Wind aufkommt, beginnt eine Frau zu singen. Es ist ein armenisches Lied – voller Trauer und doch ohne Pathos.

Vorn auf dem Schiff steht Anita, eine blonde, kräftige Frau. Sie hat einen roten Mantel an und die Hände tief in den Taschen vergraben. Ihr bläst der Wind ins Gesicht, doch sie wendet sich nicht ab. Anita kam aus Belgrad hierher. Sie war, als das Gemetzel in Jugoslawien begann, gerade sieben Jahre alt. Ihr Gesicht ist verschlossen. Von Sentimentalität keine Spur – sie will nur, dass ihre Welt in Ordnung kommt.

Sich heute in Serbien für Minderheiten einzusetzen, ist nicht lustig. Dafür braucht sie ein dickes Fell. Sie könnte auch etwas anderes tun, als sich für ein Zusammenleben mit Roma, Muslimen und Juden einzusetzen. Wie die meisten in ihrem Alter könnte sie die Vergangenheit einfach verdrängen. Anita will das nicht, nicht als Kind einer Tätergeneration von Serben, durch die der Begriff „ethnische Säuberungen" in den allgemeinen Sprachgebrauch überging.

Neben Anita, auf einem der Gartenstühle an Bord, sitzt die Mutter von Sevag. Sie ist Türkin. Ihr Sohn wurde 2011 genau am Jahrestag des Genozids beim Militärdienst von einem Kameraden erschossen. Warum? Weil der Täter mal sehen wollte, wie es ist, einen Armenier zu töten, genau wie seine Vorfahren vor hundert Jahren.

Auch Charles starb am Gedenktag an den armenischen Völkermord. Er schaut auf die Uhr, er hat den Ablauf dieses Tages im Jahr 1994 in Ruanda immer vor sich. Hier auf dem Schiff ist der armenische Gesang wie eine Umarmung, die seine Erinnerung freilässt. Er war damals fast noch ein Kind, als die Schlächter seine Familie jagten. Sie hatten sich alle hinter einem Hügel versteckt, als es heftig zu hageln begann.

Und weil die Kleinen vor Kälte und Angst schrien, rannten sie aus der Deckung. Nachbarn denunzierten sie lauthals, und so ergriffen die Mörder die ganze Familie. Charles starb den ganzen Tag hindurch, so wie alle anderen Männer seiner Familie; die Frauen ließen die Mörder geschunden zurück. Dreimal, so erzählt Charles auf der Mitte des Bosporus, dreimal hat man ihn ermordet. Er erzählt auch, wie. Er erzählt es einfach – ohne Tränen oder Bitternis.

Die Wahrheit ist der Tod, wie der von Charles und Sevag oder einem der namenlosen Tutsi, Juden, Herero oder Bosnier. Seine Bedeutung aber bekommt jeder Genozid durch das, was aus ihm gemacht wird. Erdogan leugnet ihn, weil er ein brutaler Nationalist ist. Deutschland erkennt den Holocaust an den Juden an, schweigt aber über den Mord an den Herero. Und Serbien ignoriert einfach.

Jede unverarbeitete Geschichte neigt dazu, auf ewig nachzuwirken und das Zusammenleben zu vergiften. Furcht, Misstrauen und aggressive Scham belasten über Generationen Täter und Opfer. Solche Verbrechen anzuerkennen und die eigene Verantwortung zu spüren, ist nicht kompliziert, wenn es auf einem Schiff wie diesem geschieht. Denn es schaukelt für alle gleichermaßen, die Trauer, Schmerz und tiefe Scham miteinander teilen. Auf dem Bosporus – irgendwo zwischen allen Kontinenten.

Das Gesetz

2. August 2015

Seit dem Wochenende haben wir ein neues Gesetz. Es kommt gerade zur rechten Zeit. Fast vier Jahre nachdem der Terror des NSU sichtbar wurde, wurde nun das Gesetz zu Hasskriminalität in Kraft gesetzt. Es besagt: Wer jemanden wegen seiner Zugehörigkeit zu einer bestimmten Gruppe bedroht oder verletzt, wird besonders hart bestraft. Als vor etwa einem Jahr darüber debattiert wurde, ob ein solches Gesetz sinnvoll ist oder nicht, war auch ich hin- und hergerissen. Von den vielen Missständen, die nach der NSU-Katastrophe hätten behoben werden müssen, kam mir ein solches Gesetz wie eine Retusche an einer winzigen Ecke jenes Panoramabildes vor, das den Vorsatz und das Versagen des Rechtsstaats im Verhältnis zum Rechtsextremismus abbildete. Heute sieht es nicht grundsätzlich anders aus. Nur an wenigen Stellen zeigen sich Veränderungen. Die meisten der Gründe des Staatsversagens sind noch vorhanden. Reformen bei Polizei und Verfassungsschutz, die wirklich wehtun, weil sie die eigene selbstgefällige Rolle im NSU-Debakel in ihren Strukturen überwinden würden, bleiben größtenteils aus. Was nützt also ein Gesetz zu Hasskriminalität?

Was ist heute anders, dass dieses Gesetz mir nun wie eine der richtigen Antworten auf die Situation in Deutschland vorkommt? Während vor einigen Jahren die Illusion bestand, der NSU und ein paar Nazi-Kameradschaften seien ein zu isolierendes Problem, das eingehegt und dann irgendwie beseitigt werden kann, sehen wir heute vor allem eines: Hass. Hass, nicht Angst oder Wut, zeigt sich überall – nicht nur bei Nazis. Hass auf der Straße, Hass in den sozialen Medien, Hass bis in die feinen Kreise der Gesellschaft hinein. Hass ist etwas anderes als Polemik oder hitzköpfige Worte in einem Streit. Hass erfasst das Nervensystem einer Gesellschaft, er verleitet zu Handlungen, die zerstörerisch auf die menschliche Kultur wirken. Hass sucht nicht nach Wegen, er vertilgt gleichermaßen die Hasser wie die Gehassten. Nur dass die Opfer des Hasses keine Wahl haben. Und genau deshalb brauchen wir jetzt dieses Gesetz.

Nicht die Flüchtlinge haben den Hass ausgelöst. Er war immer da. Die völkische Ideologie, vor der die Behörden neuerdings warnen, ist keine Reaktion auf irgendjemanden. Auch sie war immer da oder konnte sich relativ unbehelligt weiterentwickeln. Nazis bewachten über zwei Jahrzehnte ihre „national befreiten Zonen", indem sie auf Kleinstadtbahnhöfen, mit ihren Baseballschlägern spielend, alle Ankommenden musterten. Es brannten vietnamesische Imbisswagen, Hetze, Angriffe, rassistische Sprüche gegen Einwanderer blieben zu oft ungesühnt. Verwaltung, Polizei, Justiz und Öffentlichkeit ließen die Nazis gewähren und sahen kein Problem. Erst nach dem NSU-Skandal änderte sich langsam die Perspektive.

Hass kann und soll niemand verbieten, er ist ein Gefühl. Verbrechen aus Hass jedoch strenger zu ahnden, wie es das Gesetz vorsieht, finde ich richtig, denn Taten sind kein Gefühl. Sie werden von jemandem begangen, der sich dafür entschieden hat. Der Staat setzt eine Norm und nennt das Problem beim Namen. Mit der Zeit werden Polizei und Gerichte Rassismus und andere Formen von Gruppenhass durch das Strafmaß deutlicher ächten. Denn der Hass, wie wir ihn jetzt erleben, darf nicht mehr hingenommen werden! Darauf müssen wir bestehen.

Es darf auch für einen Sechser mehr sein

13. September 2015

„Was für ein Deutschland hätten Sie denn gern?“, fragte mich vor einigen Tagen unvermittelt und mitten auf der Straße ein Mann. Er fragte es nicht wie ein Fleischverkäufer, der damit sein Sortiment an Aufschnitt meint. Er hatte seine Worte genau abgewogen, nicht zu aggressiv, nicht zu freundlich. „Ich hätte gern mehr von der Mischung da“, antwortete ich und zeigte auf die bunte Schar junger Leute, die für die besten Falafeln der Welt anstanden. Dann wurde er nachdrücklicher. Ob ich die Deutschen ausrotten wolle? Ob mir klar wäre, dass dies ein Verbrechen sei? Er schnappte nach Luft, als wolle er sich selbst daran hindern zu sagen, was ihm noch so alles auf der Zunge lag. Dann ging er hastig davon.

Im Netz sind die Leute direkter. Von all dem, was sie mir wünschen, ist der „Volksgerichtshof“ das weitaus Netteste. Nein, es geht hier nicht um Bedrohungen, die sind geschenkt, gehören zur Folklore, wenn man sich gegen Rassismus engagiert. Vielmehr frage ich mich, in welchem Land diese besorgten Hasser leben wollen. Ein Land, aus dem man selbst raus kann, in das man aber niemanden reinlässst? Mit einer Mauer als Schutzwall: kein antifaschistischer, sondern ein Anti-Einwanderer?

Ich hätte gern ein Deutschland, in dem die Hilfsbereitschaft gegenüber Flüchtlingen heute die Menschen überdenken lässt, was Generationen von Einwanderern, die Kinder der Gastarbeiter, in ihrem Leben so alles durchmachen mussten. Auf wie viel Herablassung, Diskriminierung und Rassismus sie immer wieder stießen. Und es heute noch tun, direkt neben dem Bahnsteig der Willkommenskultur. Vielleicht öffnet sich mit der momentanen Sorge um die Flüchtlinge auch die Bereitschaft, etwas selbstkritischer zu sein. Es ist nicht nötig, alle Menschen zu lieben, weil sie geflohen sind, und alle Einwanderer ab sofort zum Sonntagskuchen einzuladen. Sie anzunehmen als Nachbarn, sie zu respektieren statt zu exponieren wäre schon toll. Überhaupt wäre es großartig, gäbe es zwischen Liebe und Hass noch etwas anderes. Akzeptanz zum Beispiel. Normalität. Einen Zustand also, in dem wir uns mit den Dingen auseinandersetzen können, die jenseits der Hautfarbe liegen. Ich hätte gern ein Deutschland, in dem ohne Zuschreibungen über Alltägliches geredet werden kann. Migranten leben bereits seit 50 Jahren in Deutschland!! Und die wollen weder Kuscheltiere noch Beifall, sondern lediglich Achtung.

Und noch etwas. Ich hätte gern ein Deutschland, in dem Politiker und Bürger sich nicht wie Kinder der mittleren Krabbelgruppe benehmen. Und das tun sie, wenn sie behaupten, der Osten wäre überhaupt nicht anders als der Westen. Die Zahlen zu Rechtsextremismus und Gewalt sagen etwas anderes. Nur nörgelnde Kleinkinder zeigen mit dem Finger auf andere, wenn sie selbst ein Problem haben. Und dass der Hass im Osten nach wie vor offen zelebriert wird und heftig ist, zeigen die täglichen Überfälle und die Tatsache, dass Pegida wieder mit 10 000 Leuten auf der Straße ist. Wer hier für Willkommenskultur arbeitet, der muss sich dabei sehr oft dem kalten Wind aus Drohungen und Verachtung entgegenstellen. Auch das ist Realität und nicht nur die Kuscheltiere von München. Mit anderen Worten: Ich hätte gern ein erwachsenes Deutschland. Darf auch für einen Sechser mehr sein.

Kippt die Stimmung in Deutschland? Nein!

11. Oktober 2015

Überall höre ich es. Diesmal aus dem Mund einer Frau, die sich in München für Flüchtlinge engagiert. Sie beschreibt, wie gut alles läuft, wie warmherzig Helfer und Flüchtlinge sind. Und plötzlich ein ernster Blick: „Wann, glauben Sie, wird es kippen?", fragt sie mich.

Das Wort Kippen drängelt sich gerade in viele Gespräche über Flüchtlinge. Kippt die Stimmung in Deutschland? Je nach Person neben mir höre ich darin Zögern, Sorge, manchmal auch Häme, fast immer jedoch Unsicherheit. Halten wir das durch? Schaffen wir das wirklich? Und wenn noch mehr kommen? Und was, wenn die Flüchtlinge nicht unseren Erwartungen entsprechen und sich als lebendige Menschen zeigen und sich sogar prügeln? Was, wenn sie nicht dankbar sind? Dann wird es kippen! Spätestens!

Merkels Umfragewerte sind schon gekippt. Vielleicht sind wir ja doch so, wie die Welt es von Deutschen erwartet hatte: gleichgültig, kalt oder sogar feindselig. Ist Kippen, so gesehen, das Wort für eine sich selbst erfüllende Prophezeiung?

Nein, es kippt nicht. Die Unterstützer unterstützen weiter, und die Hasser können das Hassen nicht lassen. Was aber anders ist als sonst: Endlich ist auf dem Tisch, was in der Konsensrepublik sonst stets unter der Decke gehalten wurde. Genau hier verläuft der kulturelle Riss: Auf der einen Seite hört man weiterhin das Bekenntnis zur Bunten Republik Deutschland, wie Udo Lindenberg es nennt. Auf der anderen, der rechten Seite beherrschen apokalyptische Fantasien über den Untergang der „weißen Rasse" den Ton. Dazwischen agiert eine überforderte Verwaltung, die seit Jahren nichts vorhersehen konnte. Der Wille, mit deutscher Gründlichkeit auf gut organisierte Reserven für den Notfall zurückzugreifen, fehlt noch immer.

Teile der Politik ersehnen das Kippen vielleicht sogar. Je nervöser der Druck herbeigeschrieben wird, desto leichter lassen sich Verschärfungen des Asylrechts durchsetzen. Und das mit der zynischen Behauptung, Flüchtlinge dadurch zu schützen. Weil es ja andernfalls kippe. Und eine Pogromstimmung dann nicht nur im Osten entstehen werde.

Wenn man Flüchtlinge schlecht behandle, so die vielfach widerlegte Theorie, würden andere davon abgeschreckt, ebenfalls herzukommen. Diese ollen Kamellen sind voller Gift. Eine schlechte Behandlung von Flüchtlingen wird Spannungen auf engem Raum noch erhöhen. Sie dort festzuhalten wird teurer, als sie wohnen und arbeiten zu lassen. Sie zu isolieren treibt sie genau jenen zu, vor denen die Politiker warnen. Die partielle Entmündigung durch Sachleistungen wird sie in den Kreis jener Einwanderer eingliedern, denen man seit Gastarbeiterzeiten zeigt, wo der deutsche Hammer hängt.

Das Ende ist offen, und sowas hält man in Deutschland nicht gut aus. Aber das Land ist in Bewegung, die Leute reden und streiten. Bis auf die Bekloppten mit ihren Hasstiraden bleiben die Menschen auf dem Teppich. Und siehe da: Angesichts der Flüchtlinge kommt das Grundgesetz zu neuen Ehren, sogar Frauen- und Schwulenrechte. Vielleicht wird irgendwann auch Antisemitismus als Problem ernst genommen! Ja, das klingt widersprüchlich, ist aber etwas anderes als das Wort Kippen! Das nennt man eine offene Gesellschaft. Gewöhnen wir uns daran!

Angst ist in Europa ein anderes Wort für Wohlstandsneid

21. Dezember 2015

Weihnachten gilt als die Zeit der Hoffnung. Das ist aber gar nicht so leicht. Denn wer heute mit einer guten Nachricht über die Welt kommt, gilt als Spinner. Nichts provoziert so viel Entrüstung und Häme wie Optimismus. Man hat die Welt pessimistisch zu sehen. Die Deutschen haben Angst, die Welt gerät aus den Fugen; überall Krieg, Terror und alles Schlimme wird immer schlimmer. Dieser Zeitgeist spukt von allen Seiten gleichzeitig.

Die Nachrichten berichten über weltweite Katastrophen, politische Kungeleien, in der Freund und Feind nicht mehr zu unterscheiden sind – alles wirkt unübersichtlich, suspekt und widersprüchlich. Das ist einer der Gründe für den völkischen Schrei nach Eindeutigkeit.

Die Rechtsextremen und etwas weniger Extremen von AfD oder Pegida ernähren sich vom Pessimismus, und sie brauchen die Angst als Treibstoff. Denn Pessimismus und Angst sind letztlich nichts anderes als Missachtung und Wut. Mit dem Pessimismus verwandelt sich jeder Blick auf das Machbare in der Demokratie zu einer höhnischen Fratze. Und Angst ist im weißen, reichen und friedlichen Europa nur ein anderes Wort für Wohlstandsneid.

Doch dieser Pessimismus ist längst kein Phänomen der Rechten allein; auch die Linke zelebriert ihn. Die Kritik an Kapitalismus, Globalisierung und den USA als dem Ort des Übels schlechthin lässt keine Hoffnung zu. Die Ideologie der Fundamentalkritik reproduziert die immer gleichen Bilder über Opfer und Täter. Amerikanisches Finanzkapital ist böse (und meist jüdisch) und damit auch die Demokratie. Freiheitskämpfer dagegen sind gut, ganz gleich, ob der eine Frauen steinigt und der andere Schwule hängt, solange sie sich nur gegen den vermeintlichen Imperialismus richten.

Im Zweifelsfall sind beide Opfer des „Systems". Kaltherzige Gleichgültigkeit ist es, die hier nicht zu unterscheiden bereit ist. Sich so zum antiwestlichen Feindbild zu bekennen, bedeutet am Ende, auf Emanzipation und Menschenrechte im echten Leben keinen Pfifferling zu geben. Den Rechten ist ohnehin zu viel Emanzipation in der Welt, und die Linken empfinden Fortschritt als Anpassung an das neoliberale Ganze. Also sind am Ende beiden die Bedürfnisse jener Menschen vollkommen wurscht, die für ihre individuellen Freiheitsrechte kämpfen. Vor allem, wenn sie außerhalb Europas leben.

Kulturpessimismus ist ignorant, weil noch niemals zuvor in der globalen Menschheitsgeschichte so viele an Freiheit, Fortschritt und Wohlstand partizipieren konnten. Dieses Beispiel macht den antiemanzipatorischen Fanatikern Angst, besonders im Nahen Osten. Deshalb führen der IS und andere Krieg. Geringzuschätzen, was die Demokratie erreicht hat, ist nicht nur populistisch, sondern auch rassistisch.

Was unsere Kulturpessimisten geringschätzen, wollen die Flüchtlinge unbedingt. Die einen ersehnen den Untergang des Westens, die anderen fliehen vor Unfreiheit und Unterdrückung. Sie wollen Gewaltherrschaft nicht mehr als vermeintlichen Teil ihrer Folklore akzeptieren, mit denen sie halt leben müssten. Sie wollen etwas ändern an ihrem „Schicksal" und Teil der Moderne sein.

Und das ist, bei aller notwendigen Kritik am Zustand der Welt und der Demokratie, eine gute Nachricht. Es gibt also Grund zu Optimismus. Frohe Weihnachten!

2016

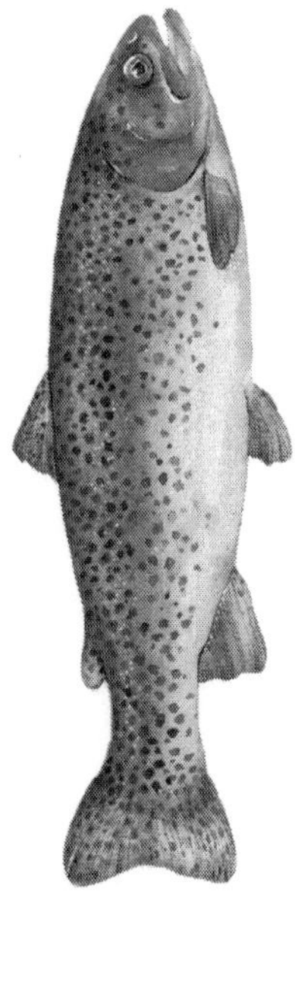

Klemperers Dresden

14. Februar 2016

Rußschwarz war alles, was von Dresden übrig geblieben war. Wenn ich als Kind dorthin fuhr, gruselte es mich. Aber ich hatte dort diesen wundervollen Großonkel Victor Klemperer. Er war warm und witzig und hatte eine große Nase. Der Bombenangriff der Alliierten am 13. Februar 1945 hatte ihm das Leben gerettet. Victor Klemperer, den Befehl zum Abtransport nach Auschwitz bereits in der Tasche, riss sich den Gelben Stern von der Jacke, als die Häuser brannten. Da war so viel Feuer, dass sich selbst beim besten Willen die deutsche Ordnung nicht würde durchsetzen lassen. Nur deshalb konnte er entkommen. Zügellos bürokratisch hatten die Dresdner trotz aller barocken Pracht und ihres hohen Bildungsniveaus ihre Nachbarn ermorden lassen. Dresden, das Sodom und Gomorra des 20. Jahrhunderts, wurde zerstört, weil es sich, wie in der Bibel beschrieben, an den Eigenen und den Fremden vergangen hatte.

Victor Klemperer hatte sein Leben lang Tagebuch geschrieben. Es half ihm, sich in einem wirren Jahrhundert zu orientieren. Er wurde als Sohn eines Rabbiners geboren. Doch entschied er für sich, nicht als Deutscher jüdischen Glaubens seinen Weg zu machen, sondern als Jude deutschen Glaubens. Dass er, obwohl längst Christ geworden, in den Augen der anderen immer Jude bleiben würde, hatte er früh erleben müssen. Als die Nazizeit begann, war er zunächst nur stur und wollte nicht aufgeben. Als es immer schlimmer wurde, ließ ihn seine Liebe für Deutschland aber erstarren, sodass er dieses Land nicht rechtzeitig zu verlassen vermochte. Er erlebte deshalb Dresden die ganze Nazizeit hindurch, bis es am Ende rußschwarz war.

Manchmal rede ich mit ihm, wenn ich an Dresden denke. Als er starb, hatte er auch die DDR hinter sich gelassen. Das Ideologische war zu autoritär für ihn geworden und das Autoritäre zu ideologisch, obwohl er beides nach der Befreiung unterstützt hatte. Nun, 56 Jahre nach seinem Tod, zeige ich ihm die Stadt mit ihrem Opfermythos, der jährlich Nazis und Populisten anzieht. Wir gehen an der Menschenkette vorbei und den Demonstranten von „Dresden nazifrei". Er liest die laschen Erklärungen des Bürgermeisters und blickt in das unsichere Gesicht des Ministerpräsidenten. Dann geht's zum Heidefriedhof, wo die Gleichsetzung aller Kriegsopfer auf der Welt von Nazifreunden mit Kränzen gefeiert wird. Danach zu Pegida: dort die schrillen Plakate und das Geschrei vom Untergang. Wir besuchen Flüchtlinge in lausigen Unterkünften und die vielen Helfer. Sie berichten vom gelegentlichen Aufbäumen des Hasses. Gelegentlich? Mehr als 1000 Angriffe gegen Flüchtlinge gab es im vergangenen Jahr, und sie konzentrieren sich deutlich auf Sachsen.

Wenn ich an Victor Klemperer denke, kommen mir die Schilderungen seiner Nachbarn in den Sinn: der vielen, die sich nicht um sein Martyrium als Jude scherten und unberührt ins Kino schlenderten, und der wenigen, die ihm mit Respekt begegneten. Dass er nach dem Krieg dort blieb, hat mich beeindruckt. Lange Zeit dachte ich, es wäre seine Sturheit und vielleicht sogar Naivität, dass er auch dann noch Zeuge dieser Stadt sein wollte, als er dazu nicht mehr gezwungen war. Vielleicht war es aber auch die Ignoranz des Neuanfangs. Wenn ich zuversichtlich bin, weil sich heute so viele Leute gegen den Rechtsextremismus engagieren, denke ich, es waren seine Weisheit und seine Wärme, die ihn bleiben ließen. Doch an den vielen Tagen, in denen mir blanker Hass begegnet, bleibt er mir ein Rätsel.

Warum es in Kigali keine Hunde gibt

10. April 2016

Charles' Mundwinkel zeigen immer nach unten, selbst wenn er lacht. Er ist einer der Überlebenden des Genozids an den Tutsi in Ruanda. Als vor 22 Jahren seine Familie von Hutus abgeschlachtet wurde und er im Regen vor den Killern zu fliehen versuchte, war sein Leben zu Ende. Dass er dennoch weitermachen kann, hat einen hohen Preis, wie für viele Überlebende. Jedes Jahr im April trauern die Ruander im großen Stadion von Kigali um eine Million Tote. Dieses Jahr sprach Charles. Es war totenstill im Stadion, während er ohne Pathos, ohne Höhen und Tiefen in der Stimme von dem Tag berichtete, als er sterben sollte. Er vermied dabei drastische Schilderungen. Seine Stimme legte sich über das Stadion. Die Menschen saßen regungslos da, bis die unheimliche Ruhe durch gellende Schreie unterbrochen wurde. „Bitte, gib mir mein Kind zurück! Bitte töte mich nicht!" Eine Frau war zusammengebrochen. Die Sanitäter führten sie sanft heraus. Charles sprach eine halbe Stunde. Immer wieder zerrissen Todesschreie die Abendluft rund um das Stadion. Unvorstellbar nah war die Ahnung, wie es geklungen haben mag, als die Killer durch eine Menge zehntausender Menschen zogen und mit Macheten, Pistolen und dicken Holzknüppeln jeden töteten. Ein Chor von Todesschreien.

Thierry wohnt auf einem der grünen Hügel von Kigali. Die Stadt ist sehr sauber. Weder Müll noch Straßenhunde gehören zum Stadtbild. Hunde gibt es nirgendwo. Im Wohnzimmer hat Thierry ein kleines Shoa-Museum eingerichtet. Die Geschichte der europäischen Juden interessiert ihn sehr. Genozide, so sagt er, brauchen immer eine lange und institutionelle Vorbereitung. Wannseekonferenz, Aufbau der Konzentrationslager, Enteignung und Entrechtung der Juden, deren Abtransport in Lager im Osten und schließlich der effektive und massenhafte Tod. Er hat Dokumente und Bilder: von Zyklon B und Leichenbergen. Der öffentliche Mord wie in Ruanda wurde von den Deutschen vermieden, doch macht es das nicht weniger grausam, die Gesellschaft nicht weniger schuldig und die Überlebenden nicht weniger traumatisiert. In Deutschland war das viele Blut nicht zu sehen, und der Jubel der Mörder fand im Verborgenen statt. Thierry glaubt an Katharsis. Das, so meint er, gehe nicht mit dem Vermeiden. Die Schreie der Traumatisierten sind besser auszuhalten als ihr Schweigen.

Thierry war ein Jugendlicher damals, als seine Geschwister und seine Mutter vor seinen Augen massakriert wurden. Er kennt es, wenn Menschen plötzlich ihr Trauma wiedererleben müssen. Seit 2002 gibt es in Ruanda einen psychologischen Dienst, der sich um die Opfer kümmert. Es ist schwer, in einem Land zu leben, in dem es keine Alternative zur Aussöhnung gibt und es trotzdem jederzeit passieren kann, die Mörder der eigenen Familie auf der Straße zu treffen. 1,6 Millionen Angeklagte wurden in kommunalen Gerichten verurteilt. Die Überlebenden fühlen weniger Angst oder Wut, sie sterben nur jedes Mal wieder, wenn sich ihr Trauma regt. Thierry sagt, das sei schlimm genug, deshalb fehlen die Hunde, denn sie fraßen damals von Leichen. Ruanda braucht die Anerkennung des Genozids und Menschen wie Charles und Thierry, die bereit sind, für die Heilung des Landes zu arbeiten. Und nicht fortzugehen, weil sie so viel mehr an Unmenschlichkeit erinnert als ein paar Hunde auf den Straßen von Ruanda.

Weltflüchtlingstag in Deutschland

19. Juni 2016

Die Polizei berichtet nicht mehr regelmäßig über Gewalt gegen Flüchtlinge in ihren täglichen Meldungen. Im ersten Halbjahr 2016 haben sich die flüchtlingsfeindlichen Straftaten dramatisch erhöht. Letztes Jahr um diese Zeit waren es insgesamt 289, die meisten davon Angriffe auf Unterkünfte, Brandanschläge, Angriffe mit Steinen, Böllern, Sprengstoff, und es fielen Schüsse. Bei körperlichen Angriffen wurden insgesamt „nur" 67 Menschen verletzt. Und heute? Jeden Tag prügeln idiotische Verbrecher auf Flüchtlinge ein. Die Zahl der Angriffe ist seit Beginn des Jahres heftig angestiegen – bereits mehr als 200 Geflüchtete wurden Opfer direkter, massiver Gewalt, und wir wissen von 714 Straftaten. Das bedeutet: Sie haben sich mehr als verdoppelt. Aber wie zählen, wenn die Polizei kaum Mitteilungen mehr macht? Was immer der Grund sein mag, ob nun aus Scham, Furcht oder Gleichgültigkeit, es ist ein Zeichen nationalen und politischen Versagens.

Das Misstrauen ist zurück, der entfesselte Deutsche mit seiner Fahne grölt den Undeutschen an und legt lachend Feuer an die Flüchtlingsunterkunft. Für alle, die sich hier schon aufregen: Alles gut, Fußball ist toll und Fahnen gehören zur Begeisterung für die eigene Mannschaft. Überall auf der Welt. Doch während Schland in Schwarz-Rot-Gold feiert, verschweigt der Staat die Gewalt seiner „Patrioten" gegenüber Schutzsuchenden. Die Tatsache, dass der Staat Flüchtlinge vor aggressiven Deutschtümlern nicht schützt, Verbrechen vergleichsweise seltener aufklärt und darüber auch noch Funkstille beschlossen hat, macht vielen das Unbehagen gegenüber dem Fußballfahnenmeer aus.

Am Weltflüchtlingstag soll niemand auf Fußball verzichten, um stattdessen an die 60 Millionen Flüchtlinge zu denken. Sie fliehen weltweit vor dem, was sich die Deutschen kaum noch vorstellen können: korrupte Diktaturen und deren Kriege, Kriminalisierung von Homosexualität, Versklavung von Frauen und Kindern, Todesstrafen für Oppositionelle und Gewalt als Alltagskultur in allen Lebensbereichen. Fußball tut gut, gerade in Flüchtlingscamps überall auf der Welt. Die Menschen sind nicht nur in Deutschland von den Europameisterschaften begeistert und nutzen jede noch so verrückte Möglichkeit, bei den Spielen live im TV dabei zu sein. Dann können sie wenigstens für einen Augenblick vergessen, dass dieses Europa, dass besonders Deutschland mit den Diktatoren dealt, vor denen sie geflohen sind. Und ihnen Geschenke macht, damit die Schutzsuchenden möglichst zurück in die Katastrophen müssen oder zukünftig an der Flucht gehindert werden. Fluchtursachen bekämpfen nennt man das. Oder Hilfe für sichere Herkunftsländer.

Flüchtlinge, die bereits in Europa sind, die in Deutschland, vielleicht sogar um die Ecke leben, interessieren keine Erklärungen oder Reden zum Weltflüchtlingstag. Was ihnen vermutlich mehr hilft, ist, den Fußballabend vor dem Fernseher mit Nachbarn zu verbringen, die sie nicht prügeln oder anzünden wollen, sondern mit ihnen die Spiele anschauen. Dazu könnte man vielleicht etwas Gutes grillen. Und als Alternative zum Schweigen über diese beschämend ansteigende rassistische Gewalt bringt jeder etwas Schönes mit. Es kann dann auch eine Deutschlandfahne sein.

Ferien weitab vom Schuss

17. Juli 2016

Ist der Rasen zu spät gemäht worden? Er stachelt so. Da macht barfuß laufen keinen Spaß. Selbst der kleine Hund hebt die Pfoten beim Gehen und bellt das reife Rapsfeld an, denn es raschelt geheimnisvoll. Soll ich den jungen Baum noch wässern? Minze pflücken? Im Dorfteich schwimmen gescheckte Karpfen. Schau nicht hin, rät mir der Nachbar. Du hast Urlaub. Lies nicht den Hass in den sozialen Netzwerken. Denk nicht an Nazis, wenn du welche siehst. Denk nicht ans Meer, wenn du in den Teich blickst. Den Flüchtlingen hier im Städtchen geht es gut. Die Türkei ist weit hinten, wie Goethe einst sagte. Und Erdogan, der Aufputscher, hat endlich sein Gottesgeschenk bekommen. Damit kann er jetzt arbeiten. Die Toten der Putschnacht sind Helden, die gelynchten Soldaten Verräter. Und nun kann er in der Türkei so richtig aufräumen.

Geh lieber schwimmen, sagt der Nachbar. Hier im kleinen, klaren See und nicht im Mittelmeer. Ich finde es schwer, seinem Rat zu folgen. Mehr als 2500 Menschen sind seit Jahresbeginn im Mittelmeer ertrunken. Sie wurden nicht gerettet, weil die Mission „Mare Nostrum" zur Rettung von Flüchtlingen in Seenot eingestellt wurde. Wie kann man sich über zynische und hasserfüllte Postings im Netz aufregen, während vor aller Augen dieser Dienst eingestellt wird? Hass im Netz mag die eine furchtbare Realität sein, doch an den Küsten nur noch die Toten aufzusammeln, ist die andere – weit grausamere. Die Mission „Triton" von Frontex rettet weit weniger Menschen. Das soll Flüchtlinge abschrecken. In der Verwaltung, die solches beschließt, ist Zynismus unbeabsichtigt, er ist das Ergebnis staatlichen Handelns: Ersaufen lassen, das spricht sich rum, und dann kommen nicht mehr so viele. Denk nicht daran, sagt der Nachbar, geh wenigstens mit den Füßen ins Wasser. Nach einer Weile erscheint es gar nicht mehr so kalt.

Der Attentäter von Nizza ist erschossen worden, sonst hätte er noch mehr Menschen totgefahren. Das war nicht nur Notwehr, das war notwendig. Bei dem Grad an mörderischem Wahn dieses Mannes, dessen Taten sich nun der IS rühmt, gelten keine entschuldigenden Erklärungen mehr. Er ist ein fanatischer, wahrscheinlich islamistischer Mörder und kein Opfer. Das wurde anders gesehen, als Gleiches in Israel geschah. Die Meldung von dort lautete, dass wieder mal ein Palästinenser von Israelis erschossen wurde. Nur weil er mit einem Auto gezielt Menschen tötete oder an einem belebten Ort plötzlich ein Messer zückte und wahllos Menschen umbrachte. Die Opfer, israelische Frauen, Männer, Kinder, die sich in nichts von den Promenadenbesuchern in Nizza unterscheiden, bleiben eben doch Juden, oder schlimmer: Israelis. Und in dem Fall wird Notwehr zum bösen Vorsatz und werden die Täter zu armen Opfern.

Jemand hat mir ein Video geschickt: Die Kamerafahrt mit den zerquetschten Leichen von Nizza. Der Absender meinte, das wäre auch meine Schuld. Wer Humanität mit Flüchtlingen einfordere, nehme die Toten von Nizza als Folgen in Kauf. Er hat es freilich gröber formuliert. So grob, dass ich den stacheligen Rasen nicht mehr spüre. Wenn der Nachbar vorbeikommt, werde ich mit ihm bei Kaffee und frischem Landkuchen auf das zerzauste Rapsfeld schauen. Und wir werden unterschiedliche Dinge sehen.

Blood, Sweat and Tears

15. August 2016

Becky und Debby wollten diesen ersten freien Tag nach fast einem Jahr unbedingt zusammen verbringen. Die beiden waren mit den letzten Kindertransporten nach England gekommen und hatten seitdem in Küchen und Haushalten gearbeitet. Beide mussten ihre Familien zurücklassen, die eine in Bremerhaven, die andere in einem polnischen Dorf.

Furchtbar viel konnten sie an diesem freien Abend nicht unternehmen, nur etwas herumspazieren, denn nach Sonnenuntergang lag London im Dunkel. Also gingen sie heim. Bei Kerzenlicht und zugezogenen Vorhängen schwatzten und kicherten sie in die Nacht hinein. Als sie die Flugzeuge hörten, rannten sie die Treppen nach unten und suchten Schutz im Kellereingang.

„The Blitz" hießen diese Angriffe auf London und andere britische Städte. Deutschland wollte unbedingt die Inseln erobern. Und alles, was dazugehörte: das Unterhaus als Symbol der Demokratie, den Buckingham Palast, die Industrie, die Bergwerke und die geostrategische Lage am Eingang zu Europa. Deutschland warf sich brüllend auf die Briten, in der Hoffnung, sie ebenso schnell zu besiegen wie alle anderen bisher überfallenen Länder.

Doch die Briten hielten dem militärischen und moralischen Druck stand. Sie wussten, sonst wäre Europa verloren gewesen. Bis die USA endlich in den Krieg eintraten, waren sie allein. Sie verteidigten nicht nur sich selbst und die Inseln, sondern kämpften gegen die Horrorvorstellung an, dass die Deutschen mit Hitler in Europa, auf der ganzen Welt das Sagen haben könnten. Das zu verhindern, verlangte von den Briten viel Blut, Schweiß und Tränen, wie es Winston Churchill in seiner berühmten Rede prophezeit hatte.

Heute über den Brexit zu reden, so als hätte es jene Zeit nicht gegeben, wird dem Ereignis nicht gerecht. Deutschland kommentiert das Votum der Briten, als gebe es keine Erinnerung. Das passiert öfter. Die Deutschen wundern sich, woran andere Europäer noch zu kauen haben. Polen, Griechen, Briten. Wenn sie plötzlich das wiedererstarkte Deutsche mit Hitlerbärtchen karikieren, stößt das hier auf Unverständnis. Dass die EU auch dazu da war, den Frieden in Europa trotz und gerade deshalb mit Deutschland zu sichern, weiß man in Europa noch sehr genau. Deutschland in Europa einzuhegen, gehörte zu seinen Gründungsideen. Deshalb sollte der Brexit in Deutschland jenseits des Ökonomischen ein bisschen mehr Trauer und ein wenig Demut auslösen.

Becky und Debby waren nach dem Angriff die Treppen vorsichtig wieder hochgegangen. Das Zimmer war noch da. Nur eine der vier Wände von Beckys Kammer fehlte, sonst nichts. Die beiden Mädchen standen da, voller Ruß und Staub mitten im Zimmer und doch im Freien. Sie sahen sich um, erschrocken, ratlos, müde und voller Heimweh nach ihren Eltern. Mitten in der Katastrophe tun Menschen seltsame Dinge: Die beiden gingen einfach wieder ins Bett. Vielleicht in der Hoffnung, dass beim Aufwachen die vier Wände um sie herum einfach nachgewachsen wären. Vielleicht würde es auch die Bomben dann nicht gegeben haben und den Krieg. Dann wären auch jene deutschen Mörder fort, derentwegen sie als Einzige aus ihren Familien den Holocaust würden überlebt haben. Doch das wussten die beiden Mädchen noch nicht, als sie die Decke über ihre Köpfe zogen. Sie waren nur da, in London und am Leben.

Die schönste Liberale Deutschlands

18. Dezember 2016

Sie gehörte zu den glücklichen Menschen, die das Alter immer schöner werden lässt. Mit jedem Jahr erschien auf ihrem Gesicht mehr von jenem unbesiegbaren Optimismus, der ihr Leben bestimmte. Hildegard Hamm-Brücher hatte als Kind viele Verluste zu verkraften und musste als Jugendliche die Bedrohungen des Nationalsozialismus ertragen. Sie wuchs mit der „Weißen Rose" auf, deren Geist sie teilte.

Persönlich lernte ich sie im Jahr 1990 kennen. Als „Westfernseherin" hatte ich sie selbstverständlich schon während der DDR-Zeit in den großen politischen Debatten des Bundestags erlebt. Als ihre Partei, die FDP, 1982 ihren Koalitionspartner wechselte, von der SPD zur CDU ging und so Helmut Kohl zum Kanzler machte, hielt sie eine Rede, die mir sehr naheging. Ich bekam einen Eindruck von der Idee einer parlamentarischen Demokratie. Und ich sah einer Politikerin zu, die gegen den Druck ihrer eigenen Partei und des Zeitgeistes diesen Wechsel kritisierte. Ich sah ihre Tränen, die von Haltung zeugten und nicht von Niederlage. Davon waren wir in der DDR noch Lichtjahre entfernt. Doch wenig später waren 1989 diese Lichtjahre der öden Finsternis in der DDR plötzlich zu Ende. Engagierte und Bürgerrechtler hatte es auf die Straßen und einige später an die Runden Tische getrieben. Endlich sprachen wir über Themen, die uns wirklich bewegten. Und meines waren die Ausländer und der Rassismus gegen sie.

Irgendwann im September 1990 klopfte es an die Tür unseres Raumes im Roten Rathaus. Inzwischen war ich Ausländerbeauftragte des Magistrats geworden. Wir hatte gerade eine Teamsitzung, etwas sehr, sehr Wichtiges, wie uns die Westkollegen sagten. Teamsitzungen müsse man ernst nehmen und dürfe sich auf keinen Fall stören lassen. Also ging ein Kollege zur Tür, öffnete und bat den Besuch, doch bitte später wiederzukommen. Er setzte sich und folgte weiter den Wichtigkeiten-Nichtigkeiten des Tagesgeschehens. Ich konnte das nicht und fragte: „Wer war an der Tür, sag schon!" Eine ältere Dame, meinte der Kollege. Weißes Haar, elegant, freundlich und mit einem dieser Doppelnamen. Ich sprang auf und rannte ihr auf dem langen Korridor hinterher. Für Hildegard Hamm-Brücher die Teamsitzung zu unterbrechen war uns ein Vergnügen. Sie fragte nach der Situation der Ausländer – so nannten damals alle die Migranten. Wir erzählten ihr, wie nach der Maueröffnung die Zahl der rassistischen Angriffe zugenommen hatte, unter welchen Bedingungen die Vertragsarbeiter in der DDR lebten und wie gering deren Chancen waren, dass sie bleiben können würden wie einst die Gastarbeiter im Westen.

Es war keine selbstbezogene Empörung, mit der sie reagierte. Auch kein paternalistischer Trost darüber, was man in der Demokratie so alles hinzunehmen lernt, sondern wirkliches und besorgtes Interesse. Aber auch Bewunderung für unsere bunte Truppe junger Leute, die sich, wie sie lächelnd und mit Nachdruck betonte, von Anfang an den liberalen Grundwerten verpflichtet sahen. Liberale Grundwerte. Menschenrechte. Gleichwertigkeit und gleiches Recht für jeden. Chancen auf Bildung. Freiheit des Individuums. Auch wenn es keine deutsche Herkunft hat. Denn das Recht ist wichtiger als jegliches Blut.

Möge die einfache Schönheit ihrer Ideen jeden Shitstorm der neoliberalen Kälte gegen das Liberale überdauern.

2017

Politische Korrektheit scheint nur etwas für Loser zu sein

15. Januar 2017

Ein wenig Chaos ist auszuhalten, gefährlich wird es erst, wenn das Kräuseln an der Meeresoberfläche in turmhohe Wellen umschlägt. Im Moment fühlt es sich so an, als gerate aus den Fugen, was lange Zeit sicher schien: Demokratie in Europa und den Vereinigten Staaten mit all ihren Widersprüchen, aber doch gegründet auf ein hohes Maß an Rationalität.

Frankreich, Italien, Österreich und die USA bringen gerade Monster des Irrationalen hervor, und in Deutschland treibt alles auf einen Wahlkampf zu, der es in sich haben wird. Die Alt-Right-Bewegung in den USA freut sich schon darauf, auch hier mit Falschmeldungen, Häme und Hass die Stimmung anzuheizen. Die rechte Internetseite Breitbart wird auch in Deutschland ein Portal betreiben, das sich dem modernen Propagandakrieg widmet. Ob Trollfabriken in Russland Desinformation in die sozialen Medien drücken oder rechte Intellektuelle den Zynismus zum Leistungssport erklären: Es wird ungemütlich werden.

Doch wenn die Demokratie als Staatsform wie als politische Kultur von der Neuen Rechten offensiv in Frage gestellt wird, sollte sie von den Demokraten auch offensiv verteidigt werden. Rechte Ideologen, wie in Magdeburg geschehen, zu einem freundlichen Talk einzuladen, gehört jedenfalls nicht dazu. Ebenso wenig, wie mit Nazis über die Sicherheitslage in einer Stadt zu verhandeln. Der demokratische Rechtsstaat sollte das Faktische verteidigen, statt mit dem Postfaktischen zu kokettieren!

Viele finden es heute witzig, Dinge zu sagen, von denen wir dachten, sie lägen hinter uns: mal wieder über Weiber lästern, Schwule lächerlich machen, Eingewanderte oder Flüchtlinge zu einer Plage erklären oder über reiche Juden fantasieren, die aller Menschen Geschicke lenken. Frei nach dem Motto: Es gibt nichts

Unsagbares mehr, politische Korrektheit ist ohnehin nur etwas für Loser – so jedenfalls sehen es Leute wie Donald Trump. Doch nach den Erkenntnissen der neuen Mitte-Studie der Friedrich-Ebert-Stiftung ist keineswegs ausgemacht, dass Hass und Feindseligkeit die Stimmung im Land dominieren. Zwar habe sich eine gruppenbezogene Menschenfeindlichkeit verfestigt, die demokratische Mitte sei jedoch breiter geworden. Die positive Einstellung zur Aufnahme von Geflüchteten bilde eine deutliche Mehrheit. Eine große Mehrheit stehe weiter positiv zu den demokratischen Grundwerten, und explizit sprächen sich mehr als die Hälfte der Deutschen deutlich gegen den Rechtspopulismus aus. Deren Potenzial wiederum liegt bei etwa einem Viertel der Bevölkerung. Also: Nicht alles ist gut, aber es ist besser, als es sich gerade anfühlt.

Die Polarisierung der Gesellschaft wird sich nicht aufhalten lassen. Umso wichtiger wird es sein, die Debatten zu führen. Debattieren heißt, Regeln anzuwenden und trotzdem klar und deutlich artikuliert darüber zu streiten, was wir wollen oder was wir nicht wollen. Und: bei aller Kritik und trotz Hass und Gewalt die demokratischen Spielregeln befolgen. Denn das Gegenteil von Hass ist nicht Liebe, sondern die Fähigkeit zur Debatte. Und das Gegenteil von Rechtsextremismus ist nicht Linksextremismus, sondern demokratische Kultur. Also: Cool bleiben und die Wellen reiten, statt sie sich zu Monstern aufbäumen zu lassen. Und: dem Chaos keine Chance!

Der unselige Kampf um Identität

5. März 2017

Die Leute sagen, die Welt sei so kompliziert geworden und man finde sich gar nicht mehr zurecht. Aus diesem Grund gebe es diesen Populismus überhaupt, denn er hätte einfache Antworten. Die „Identitären" beispielsweise sind eine rechtsextreme Aktionsgruppe, die sich um das Gefühl von Heimat und Identität der Deutschen Sorgen machen. Sie haben eine völkische Idee von dieser Identität, in der es nicht reicht, Deutscher zu sein. Um für sie dazuzugehören, muss man sehr vieles nicht sein: nicht jüdisch, nicht muslimisch und was es sonst noch so gibt. Nicht Schwarz oder „südländisch", nicht auf Emanzipation bedacht in allen Fragen der sexuellen Orientierung und vor allem nicht universalistisch. Denn dies hieße, die Rechte und die Freiheit jedes Menschen mit gleichem Maß zu messen. Auf Identität zu setzen statt auf Rechte – ja, schlimmer: die Rechte des Einzelnen von seiner Identität abhängig zu machen, das ist ein gewaltiger Sprung zurück. So, als hätte es die Aufklärung nicht gegeben. Aber wir leben in einem freien Land und solange nicht Gewalt ausgeübt oder zu ihr aufgerufen wird, können solche Gruppen ihre Bildchen aufhängen und mit Slogans nerven. Das ist der Vorteil der Demokratie.

Viele Menschen suchen dringend nach ihrer Identität. Wer bin ich zu fragen, ob das nötig ist? Es gehört bei jedem Menschen zum Erwachsenwerden dazu. Und sicher spielen dabei Herkunft und Religion eine Rolle. Man sucht fast ein ganzes Leben die eigene Welt danach ab, was einen ausmacht, ja besonders macht. Diese Suche ist so alt wie die Idee des Individuums. Nur: Warum wird sie heute so politisch? Weshalb steckt in dem Wort Identität so viel Brisanz, ja Aggressivität? Die „Identitären" haben eine rassistische Agenda, doch ist Identität nicht nur ein rechter Kampfbegriff.

Menschen oder Gruppen mit anderen Maßstäben zu messen als den eigenen, das gibt es auch in anderen Milieus. Leute, die die

Aufklärung als „Projekt des weißen Mannes“ zur Unterdrückung in der postkolonialen Welt ablehnen, gehören ebenfalls dazu. In vielen antirassistischen Kreisen ist es verpönt, Demokratie und Freiheitsrechte zu verteidigen. Überhaupt gehört es zum guten Ton, sich einem Pessimismus hinzugeben, der für reale Menschenrechte nur mehr ein zynisches Lächeln übrighat. Oder schlimmer: wenn im Namen des Kampfes gegen den weißen Imperialismus (natürlich nur des westlichen) kultureller Respekt vor Barbareien wie der weiblichen Genitalverstümmelung verlangt wird. Die Mischung aus ideologischen Grundsatzkämpfen und den Fragen nach Identität bringt statt Vernunft Ungeheuer hervor. Kulturrelativismus ist, wenn Menschen meinen, dass es den Weißen nicht zustehe, voraufklärerische Praktiken in der Migrationsgesellschaft zu kritisieren statt zu respektieren. Oder umgekehrt, dass die „deutsche Identität“ von Haar-, Haut- und Augenfarbe abhinge, die sie damit zu Höhergestellten unter allen Menschen mache. Solche Haltungen sind rassistisch.

Was in aller Welt ist so kompliziert daran, alle für gleich viel wert zu halten? Die Freiheit, in der Demokratie über die eigene Identität selbst entscheiden zu können, ist ein großartiges Verdienst der Aufklärung! Kompliziert? Nein, heißt darauf die einfache Antwort.

Warum Globalisierungskritik rassistisch ist

2. April 2017

Die Welt entwickelt sich. Und das tut sie nicht nur in den weißen Industriestaaten. Diese Erkenntnis sollte eine Binse sein, doch die meisten Menschen pflegen ein Bild von den Zuständen jenseits des eigenen Horizonts, das sich umgekehrt proportional zur Wirklichkeit verhält. Sie sehen da draußen nur Krieg, Überbevölkerung, Armut und Katastrophen. Doch sind diese Annahmen richtig? Stimmt die gängige Welterklärung, dass die Reichen immer reicher und die Armen immer ärmer werden? Dass alles immer und immer schlimmer wird? Die Antwort ist unpopulär: Nein, es stimmt nicht! Internationale Daten und Statistiken, über lange Zeit gesammelt und ausgewertet, sagen genau das Gegenteil.

An dieser Stelle möchte ich dem im Februar verstorbenen Hans Rosling aus Schweden danken. Er war Sozialmediziner und hat mir wie vielen anderen sehr beim Nachdenken über die Welt und unsere Probleme geholfen. Seine animierten Statistiken, die überaus klare und witzige Sprache seiner Vorträge zeigen die Welt in weit besserem Licht, als es Kulturpessimisten aller politischen Richtungen wahrhaben wollen. Sie brauchen die depressive, düstere Sicht auf das Globale, um Ängste zu mobilisieren und damit ihre jeweiligen Ideologien zu begründen. Sie machen es wie in der Werbung – eine Gefahr wird aufgeblasen, die allein abgewendet werden kann, wenn man das Produkt oder eben die Ideologie kauft. Hans Rosling hat einen Kampf gegen Ignoranz geführt. Er behauptete immer, schwedische Studenten wüssten von der Welt weniger als Schimpansen, denn die hätten bei der zufälligen Auswahl zwischen Fakten und Fehlannahmen wenigstens zu 50 Prozent recht, die Studenten lagen weit darunter. Auf seiner Seite gapminder.org sind alle Fakten zu finden. Ich kann sie nur dringend empfehlen.

Es mag an der Berichterstattung liegen, die sich international meist nur für Katastrophen interessiert. Hunger, Krieg und Flucht sind real, keine Frage. Aber eben nicht nur. Umgekehrt proportional bedeutet: Heute leben mehr Menschen in der Mittelschicht als in Armut. In den letzten 20 Jahren hat sich die Zahl der extrem Armen halbiert, weniger Kinder pro Frau werden geboren, die Lebenserwartung ist enorm gestiegen, und 80 Prozent der Mädchen gehen zur Schule! Und das bei wachsender Weltbevölkerung. Die Globalisierung hat Milliarden Menschen aus der Armut geholfen. Diese Entwicklung grundsätzlich zu kritisieren ist also zutiefst rassistisch! Denn es ist nicht „besser, arm zu sein als ausgebeutet", wie mir neulich ein junger weißer Mann mit progressiven Ansichten erklärte. Und es sollte kein Privileg der Familien in Industrieländern sein, statt im Fluss mit der Hand die Wäsche in einer Waschmaschine zu waschen. Oder mobil zu sein.

Wem die Welt hierzulande egal ist, Hauptsache, es kommen keine Flüchtlinge mehr, der hat weder ein Herz noch einen wachen Verstand. Fluchtursachen wird es auch in absehbarer Zeit noch geben. Dennoch ist Flucht insgesamt nur ein Element unserer globalen Gegenwart. Die Welt ist durchlässiger geworden, wir erfahren mehr über sie. Sie wird humaner, globaler, mobiler, besser – trotz aller Probleme. Das gleiche gilt für Deutschland: Es ist liberaler, offener und emanzipierter in jeder Hinsicht als jemals zuvor. Gegen beides wehrt sich die Internationale der Fundamentalisten, Pessimisten und Populisten. Sie brauchen die Ängste. Sie fürchten die Zuversicht. Sie wollen nicht, dass es allen besser geht. Sie wollen nur Recht behalten. Um jeden Preis.

Vor dem Hass zu kapitulieren kommt nicht infrage

29. Mai 2017

Eigentlich ist alles gesagt. Dass Kinder aus Einwandererfamilien benachteiligt sind, dass es Flüchtlingen schlecht geht, dass Diskriminierung jeden Tag passiert. Dass die ewige Frage, woher man denn käme, wenn Name und Gesicht nicht deutsch genug erscheinen, niemals aufhört. Auch, dass Muslime nicht alle Terroristen sind und dass sich Antisemitismus auch in der deutschen christlichen Mitte findet und nicht ausschließlich bei Anhängern des Islam. Und selbstverständlich – auch das als Wiederholungsschleife – sind nicht alle Ostdeutschen Nazis und Rassisten. Um Himmels Willen: Rechtsextremisten gibt es überall, und die Demokratie ist in Gefahr, sofern es sie hier überhaupt gibt. Kurz: Man dreht sich im Kreis des Kritisierens.

Es war bei einer der vielen Diskussionsrunden der vergangenen Monate, die unter dem Motto standen: „Ist nicht alles ganz schrecklich in Deutschland?" Wegen des Rechtspopulismus und Trump und des Kapitalismus? Was kann man da tun? Kann man überhaupt noch? Die Fragen werden immer schriller. Ich sitze da, erschrocken und verwundert. Erschrocken, weil viele der Diskutanten die immer gleichen, ausgelatschten Wege gehen, ihr oft sehr ideologisches Lamento wiederholend, bis jeder den Begriff Fortschritt für ein Schimpfwort hält. Wenn das noch nicht reicht, dann kommt die letzte Keule – der allgegenwärtige NEOLIBERALISMUS. Und ich bin verwundert, weil man sich mit solchen Erklärungen der Welt derer annähert, die man doch so heftig kritisiert: der Welt der Rechtspopulisten und Verschwörungstheoretiker. Die machen doch für alles die fremden Mächte hinter Merkel und die Rothschilds als das große Böse verantwortlich.

Wie können Menschen, die eine offene Gesellschaft wollen, sich selbst so blockieren, frage ich mich. Sie reden vom Hass im Netz und finden, dass Counter Speech, also Diskussion und eine andere Erzählung doch besser wären. Dabei wissen sie im Grunde nicht, was sie eigentlich sagen oder erzählen sollen.

Denn wenn alles schon strukturell falsch läuft, der Rassismus, die sozialen Fragen, die Schulen – eben alles –, was kann da der Einzelne oder können Gruppen dann ausrichten? Wozu überhaupt etwas tun, das für Menschen wirklich etwas ändert? Schuld ist die Struktur, also der Kapitalismus oder das System der Demokratie. In Momenten wie diesen, wenn sich alle in ihrem Pessimismus bestätigen, wird mir manchmal bange. Nicht vor den Nazis, Pegidisten, Rassisten in der AfD, sondern weil es für die anderen bequem ist, sich kleinzumachen, zu jammern und mit dem bevorstehenden Untergang zu kokettieren.

Es mag ja sein, dass die Kämpfe härter geworden sind, dass sich Deutschland verändert hat, seit die Flüchtlinge kamen. Doch den pessimistischen Energiefressern zu widerstehen, ist genauso nötig, wie den rechten Nörglern standzuhalten. Mehr als sechs Millionen Menschen arbeiten derzeit ehrenamtlich mit Flüchtlingen. Die Leute sind engagiert, sie gehen wählen, sie verändern Dinge. Sie machen es einfach, trotz der Strukturen, trotz der Nachrichten, die einem jeden Tag unter die Haut gehen, und trotz aller gebotenen Kritik.

Es raubt mir den Atem, wenn ich davon höre, wie ein jüdischer Junge in der Schule misshandelt wird oder ein muslimisches Mädchen trotz guter Noten auf die Hauptschule kommt. Aber defätistisch aufgeben? Wegen der Struktur? Oder des Systems? Kommt nicht infrage!

Kampfplatz Internet

25. Juni 2017

Früher sind die Fischer am frühen Morgen mit Booten rausgefahren und kamen am Abend zurück. Je nach Wetter brachten sie mehr oder weniger volle Schleppnetze zurück. Dieses Bild eines Kutters, der das Netz auf gut Glück durch die Meere zog, war eines der Ursprünge des Wortes Troll. Der andere, bekanntere ist der Kobold, der Troll, der im Wald mit seiner Bosheit alle Wesen erschreckt. Für das Internet passen beide Assoziationen. Trolle fangen in ihrem Schlepptau, was sie kriegen können, und in ihrer Fratze spiegeln sich Häme und Geifer gegen alles Lebendige und Menschliche, um es am Ende zu zerstören. Die Trolle des Internets hausen längst nicht mehr auf Booten oder im tiefen Wald. Sie arbeiten mit Hightech, fischen industriell die Tiefen der Ozeane ab, und ihre Gesichter zeigen den Zynismus und die Gleichgültigkeit, die sich bei Großproduktion halt einstellen.

Das Internet und die sozialen Netzwerke sind Instrumente realer politischer Macht geworden. Hass und Häme sind längst nicht mehr das, was Fachleute manchmal als die Pubertät des Internets bezeichnen, wo Menschen Grenzen ausreizen und Aggressionen ablassen. Heute finden hier die Kämpfe um Macht und Einfluss statt. Donald Trump wäre ohne die gezielten Kampagnen in den sozialen Medien niemals Präsident geworden, und Wladimir Putin hätte ohne seine Cyberarmee, die gezielt auf Propaganda und Destabilisierung aus ist, weit weniger Einfluss auf der Welt. Die neue Waffe im politischen Spiel ist das Internet, aus dem die Angriffe der Moderne kommen. Wenn die Trolle zuschlagen, dann machen sie weit mehr, als einen Facebook-Streit anzuzetteln, durch den Feindschaften vertieft werden, statt einen gesunden Streit zu führen. In Trollfabriken arbeiten Menschen daran, im politischen Klima zu fischen und dabei Gift abzulassen. Mit Toxic Speech – vergifteter

Sprache – verderben sie nach und nach das Wasser, von dem wir alle leben: die menschliche Kommunikation.

Eine neue, asymmetrische Kriegsführung also, die den kleinen hässlichen Trollhass schürt und dabei die große schwimmende Fischfabrik im Sinn hat. Wir wissen es längst: Hier zeigt sich ein globales Problem, eine Herausforderung für alle Zukunft politischer Auseinandersetzung. Und was macht der deutsche Staat? Er peitscht ein Gesetz durch, das auf keine dieser Fragen eine Antwort hat. Das „Netzwerkdurchsetzungsgesetz" privatisiert die Rechtsprechung, indem es, statt mit den Mitteln des Rechtsstaats Straftaten zu verfolgen, die Betreiber der Netzwerke zum Löschen zweideutiger Einträge zwingt. Dadurch wird die Meinungsfreiheit auf dem Prüfstand von angedrohten Bußgeldern geopfert. Dadurch werden die Betreiber Algorithmen entwickeln, die alles, was nach deutschem Recht auch nur ansatzweise strafbar sein könnte, herausfiltern werden. Das wäre fatal.

Anstatt den Trollen das Gegengift einer debattenfähigen digitalen Zivilgesellschaft zu verabreichen, anstatt digitale Kompetenz bei Menschen zu fördern, sodass sie Fischernetze erkennen, wenn sie sie sehen, fummelt die Regierung an der Meinungsfreiheit herum. Das ist falsch und kontraproduktiv. Und es lässt die Trolle tun, was sie am besten können: bösartig und destruktiv über die Unzulänglichkeit demokratischer Entscheidungen zu feixen.

Demokratie braucht Geduld

19. November 2017

Bei dem Wetter kann man kaum anders, als mit den Füßen missmutig das feuchte Laub vor sich herzuschieben. Was wird nun? Bei dem Ergebnis der Verhandlungen um die Koalition wird es wieder viele Unzufriedene geben. Welches Bild gibt die Politik gerade ab? Auf der einen Seite kämpfen die Parteien um Kompromisse in einer neuen Regierung, ohne die es nicht gehen wird, und auf der anderen feixen die Rechten. Was für ein Dilemma. Haben es diese Rechtspopulisten durch Lügen und Demagogie tatsächlich geschafft, dass am Ende jede Diskussion, jedes zähe Ringen um politische Entscheidungen wie ein weiterer Beleg für die „Unfähigkeit" der Demokraten erscheint? Das wäre wirklich gefährlich. Doch gefährlich ist es ebenso, wenn die Parteien so tun, als gäbe es keine rechtspopulistische Tendenz in Europa und als ginge es nicht darum, gerade jetzt unbedingt die offene Gesellschaft zu verteidigen.

Aber wie soll das möglich sein, bei den Nachrichten aus aller Welt? Müll in den Flüssen und Klimawandel, Menschen ersaufen im Meer, verhungern im Jemen, und Assad massakriert in Syrien ungehindert weiter. Menschen fliehen. Sie geben sich nicht mehr einfach ihrem Schicksal hin, so wie in früheren Zeiten.

Früher, das war, als die sogenannte Erste Welt ihre Informationen fein zubereitet in Häppchen aus dicken Zeitungen oder ausgewählten Dokumentationen bekam. Früher, das war, als der Wohlstand der weißen Welt im wahrsten Sinne des Wortes anstandslos auf Kosten der anderen erwirtschaftet wurde. Flüchtlinge konnten früher kaum fliehen, man sah nur im Fernsehen, wie die Kinder in Asien und Afrika starben. Früher kamen Arbeitsmigranten nach Deutschland, Ost wie West, die einzig dazu da waren, in drei Schichten in den Schacht einzufahren. Früher wurde auch die Kartoffelernte mit verdünnter Salzsäure beschleunigt. Aber das stand nicht in der Zeitung, denn es war normal im Sozialismus. Und heute? Heute starren wir wie gebannt auf den Stundenzeiger, während die Nachrichten im Terrortakt auf uns einprasseln. Der Augenblick sagt nichts darüber, was sich alles verändert hat, wenn man nur auf den Uhrzeiger stiert.

Die Welt ist anders geworden. Deutschland ist anders geworden. Besser. Viel besser, trotz allem. Lange nicht gut. Aber besser. Deutschland und Europa halten der Globalisierung stand. Es hätte auch anders kommen und die vormals „Dritte Welt" hätte an der „Ersten" ökonomisch vorbeirauschen können. Dass dies nicht passiert, liegt auch an der Tatsache, dass offene Gesellschaften fähig sind, sich zu entwickeln. Und dass Demokratien grundsätzlich besser für Innovation und sozialen Ausgleich geeignet sind als autokratische oder totalitäre Regime. Rassismus ist nicht nur ein moralisches Problem, sondern ein handfester Standortnachteil. Wer heute zurück will in die vorglobale Welt, wer sich heute ein weißes Europa wünscht und Frauen, die sich „nicht immer so haben", wer der Einfachheit halber nur noch Einfaches hören mag, sägt am Ast, auf dem wir alle sitzen.

Also: Geduld ist gefragt, weil die Welt schwierig ist, ebenso wie Ungeduld, weil sich der Uhrzeiger auch dann bewegt, wenn wir draufstarren. Und weil nasses Laub nicht fliegen kann, muss man es halt beiseiteschieben. Sonst rutscht man noch aus auf diesem braunen, glitschigen Unrat.

Her mit dem Antisemitismusbeauftragten!

17. Dezember 2017

Die Diskussion darüber, ob Antisemitismus Juden bedroht, taucht immer wieder auf. Vor einigen Jahren saß ich in einer Runde mit anderen Juden zu diesem Thema beim Regierenden Bürgermeister von Berlin. Etwa 20 Personen waren gekommen, Juden aus dem Berliner Leben: Berater, Künstler, Sportler, Studierende, Journalisten, Geschäftsleute. Einer nach dem anderen erzählte eine Geschichte. Jede handelten von Beschimpfungen, Herabsetzungen, aufgezwungenen Diskussionen über die Schuld, den Holocaust und das böse Israel, vom mangelnden Schutz jüdischer Kinder vor Angriffen. Die Geschichten spielten auf der Straße, an der Uni, in der Schule, im Jugendclub, auf der Betriebsfeier, auf dem Kinderspielplatz, in der Kunstgalerie oder im Fitnessstudio. Die Aggressionen kamen von Mehrheits- und Minderheitsdeutschen, von Rechten und von Linken. Als alle Anwesenden gesprochen hatten, war es für einen Moment still im Raum. Dann stand der Bürgermeister auf. Nein, sagte er, das könne er nicht glauben. Es gibt keine antisemitische Gefahr, und Juden können sich doch frei bewegen. Er ließ sich noch mit einem jüdischen Sportler fotografieren, dann ging er. Und ließ uns mit offenem Munde zurück.

Das war, bevor die Flüchtlinge kamen, deren Anwesenheit den Antisemitismus angeblich erst verschärft hat. Das war, bevor die AfD ihren völkischen Geschichtsrevisionismus propagierte. Um sich gleichzeitig als Retter der Juden aufzuspielen. Nein, die Lage ist nicht besser geworden. Ganz im Gegenteil. Gerade deshalb will ich keine ideologisierte Debatte über Antisemitismus! Ich will nicht, dass Rechte oder Linke unsere Situation für ihre Ideologie vereinnahmen. Ich will eine sympathisierende Sicht auf Israel haben können, ohne dafür beschimpft zu werden! Ich will nicht erst einem Klub der Moslemhasser beitreten müssen, um über Antisemitismus zu klagen. Und ich will auch nicht Israel und den Kapitalismus zum Bösen der Welt erklären müssen, bevor ich das erste Mal Luft hole. Mir muss niemand erklären, was Antisemitismus ist oder nicht ist. Ich erkenne ihn, wenn er mir begegnet.

Ja, wir brauchen einen Antisemitismusbeauftragten. Was wir nicht brauchen, ist eine weitere Ideologisierung dieses wichtigen Themas. Den Juden die berechtigte Sorge zu nehmen, das müsste das Motiv für eine solche politische Entscheidung sein. Und nicht, diesen Umstand für politische Intentionen zu missbrauchen. Gibt es Antisemitismus in den muslimischen Communitys? Ja, den gibt es. Kann er gewalttätig sein? Ja, das kann er. Ist Antisemitismus nur dort zu finden? Nein, ist er nicht! Hat die deutsche Mehrheitsgesellschaft auch ein Problem damit? Ja, das hat sie.

Wenn ein Antisemitismusbeauftragter hier endlich etwas verbessern könnte, dann immer her damit! Er müsste in der Erfassung des Problems, in Politik, Bildung, Wissenschaft und Kunst die schlimmsten Auswüchse beseitigen, die Antisemitismus immer wieder reproduzieren. Dieser Beauftragte dürfte kein Alibi sein, er müsste, um zu handeln, genug politische Macht haben. Und es wäre nett, wenn er von der jüdischen Perspektive der wenigen Übriggebliebenen ganz speziell in Deutschland zumindest schon mal gehört hätte.

2018

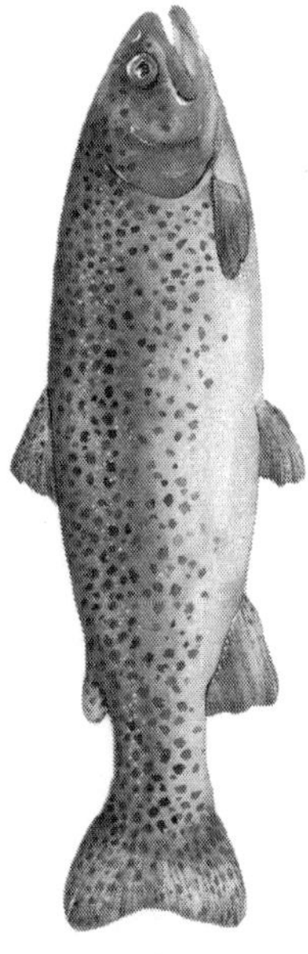

Jenny und der Holocaustgedenktag

28. Januar 2018

Ihr Gesicht ist mit den Jahren immer runder geworden. Je runder es wurde, desto spitzer erschien ihr Lächeln. Jenny hat die Welt immer spöttisch gesehen. In ihren Augen blitzte der Schelm. Wenn sie über ihren Alltag in ihrem Veteranenhaus in New York sprach, war das immer witzig, frech und ironisch. Als ihre Energie im Alter schwand, zeigte sich in diesem einst witzigen, spitzbübischen Lächeln nach und nach etwas Bitteres.

Jenny wurde in Berlin geboren. Ihr Vater, ein sehr frommer Mann, ihre Mutter, eine schöne, stattliche Frau, lebten in Armut. Wie die ganze Familie waren sie vor dem judenmordenden Mob aus einem galizischen Schtetl geflohen. Jenny und ihr kleiner Bruder wuchsen im Berliner Scheunenviertel auf, dort, wo sich heute in Cafés und Galerien Hipster und die internationale Kunstszene treffen. Es war damals sehr voll im Scheunenviertel. Über 80 000 Menschen lebten unter elendigen Umständen dort, wo heute elegante Künstlerlofts und Wohnungen ein echtes Vermögen kosten. Irgendwann waren die Zustände nicht mehr tragbar, denn Jennys Mutter ging es nicht gut. Deshalb zog die Familie an die Küste. Da war Hitler schon an der Macht.

Den aus Galizien geflohenen Juden und ihren in Deutschland geborenen Kindern wurde über Jahrzehnte die deutsche Staatsbürgerschaft verwehrt. Und da sie aus einer Region kamen, in der die Herrschaft zwischen Polen, Österreich-Ungarn, Russland oder Rumänien öfter wechselte, besaßen sie gar keine Staatsbürgerschaft. Deshalb wurden sie von den Nazis des Landes verwiesen. SS und GESTAPO trieben die betreffenden Juden zusammen und deportierten sie von Bremerhaven an die polnische Grenze. Dort wurden sie ausgesetzt. Die Deutschen schossen ihnen hinterher, damit sie nicht zurückkommen. Die Polen schossen von der anderen Seite, denn man wollte Juden dort nicht. Jennys Familie gehörte zu denen, die diese Judenhatz überlebten. Eine kleine Gemeinde nahm sie auf.

Die Möglichkeit, Kinder nach England zu schicken, kostete etwas. Die Eltern hatten nur das Geld für eines der Kinder. Sie mussten sich entscheiden. Nachdem Jenny sich verabschiedet hatte, brachte ihr Vater sie zum Bus. Sie wussten, dass es ein Abschied für immer sein würde.

Jenny überlebte die Bomben auf London, wo sie als Dienstmädchen schikaniert wurde. Sie überlebte den Krieg. Sie half, die Trümmer wegzuräumen. Ein amerikanischer Soldat versprach ihr, sie in die USA zu holen. Es war keine Romanze, nur Menschlichkeit. Zurück in den USA sammelte der junge GI in seiner Stadt Geld für Jennys Bürgschaft. Als sie später tatsächlich dort ankam, gab es ihr zu Ehren eine kleine Parade mit Konfetti. So begann für sie ein wenig Normalität. Ihr Leben lang arbeitete Jenny dann als Schulsekretärin in New York. Sie hat geheiratet, und als ihr Mann starb, blieb sie als alleinerziehende Mutter zurück. Das war schwer.

Ihr Humor half ihr, gerade weil er manchmal bissig war. Dass man in Deutschland an einem dunklen Tag im Januar die Befreiung von Auschwitz feiert und sich dazu vor den Toten verneigt, kommentierte sie mit diesem spitzen Lächeln: Leider zu spät für den geliebten Vater, die schöne Mutter und den kleinen Bruder. Nun ist Jenny im Alter von 97 Jahren gestorben. Ich werde sie nie vergessen.

Selbstmord aus Angst vor dem Tod

11. Februar 2018

Gewiss, die Bildung einer neuen Regierung hätte auch einfacher sein können. Das war sie aber nun mal nicht. Doch wie wenig braucht es eigentlich, um ein Gefühl von Chaos herzustellen? Was wir in den letzten Wochen erleben – und zwar aus allen politischen und unpolitischen Richtungen –, ist eine erschreckende Lust an der Destruktion. Die Häme in Medien und Netzwerken über jene, die sich um Kompromisse in den Koalitionsverhandlungen mühten, war getragen von einer unfassbaren Verantwortungslosigkeit. Die Freude an der Idee eines Scheiterns auf der ganzen Strecke, ja das kindische Jubeln über jeden Fehlschlag in der Hoffnung darauf, dass bald alles kaputt auf der Straße liegt, dominiert gerade die Stimmung. Das ganze Geschehen, einschließlich des Dramas um Schulz und Gabriel, sieht aus wie der feuchte Traum von AfD und Putin. Was bedeutet es eigentlich, wenn mehr oder weniger diplomatisch „Wir wollen kein Weiter-so!" oder „Merkel muss weg!" gebrüllt wird? Um politische Details realer Politik jedenfalls scheint es hier nicht zu gehen.

Politik ist ein Beruf, das sagte bereits der deutsche Soziologe Max Weber. Dieser Beruf ist schwer. Er verlangt sowohl die Kraft für die Visionen, sich vorstellen zu können, was politisch erreicht werden soll, als auch eine tiefe Kenntnis der Materie. Ohne zu wissen, was wie in welchen Details zu verändern ist, gibt es auch keine politische Entwicklung in den Bereichen, die Politik zu gestalten hat. Das ist mühsam. Das ist aufwendig, und wenn wie jetzt auch noch Kompromisse gefunden werden müssen zwischen Konservativen und Sozis, umso mehr. Man mag mit einigen Ergebnissen unzufrieden sein, aber diese Ergebnisse sind die besten, die sich unter diesen Mehrheitsbedingungen finden lassen. So sieht nun mal die Realität in Deutschland aus. Sie könnte schlimmer sein.

Die Durchlässigkeit der Gesellschaft durch die sozialen Netzwerke bedeutet eine ganz neue Herausforderung für diejenigen, die Politik als Beruf verstehen. Die Bevölkerung und ihre Meinungsträger, alle kommentieren alles in Echtzeit. Es liegt in der Natur des schnellen Kommentars, dass er kaum anders als oberflächlich sein kann. Aber es muss doch etwas geben zwischen der Haltung, dass die da oben es schon richtig machen, und derjenigen, die böswillig Destruktion von allem will, was Politiker tun, egal wie schnell, wie langsam, wie fachlich oder sachlich, gut oder schlecht sie handeln. Was ist der Sinn, wenn jetzt höhnisch und hämisch das Zerstören gefeiert wird? Ist das besser, als Verantwortung zu übernehmen? Diese Frage richtet sich auch an die zur Abstimmung antretende SPD-Basis. Möge sie diesem Sog widerstehen!

Der Hang der Deutschen zum Politiker-Bashing als einer Form des Elitenhasses hatte immer etwas Totalitäres. Etwas nämlich, das sich lieber nach der ganz großen Lösung oder dem starken Mann sehnt, als sich mit den Niederungen der Detailarbeit zu beschäftigen. Soll vielleicht präventiv dem Gauland schon mal die Macht übergeben werden? Damit der mit seiner völkischen Alternative für „Ordnung" sorgt? So ist auch Hitler an die Macht gekommen. Abwertung, Pessimismus und Destruktion – das führt zu Selbstmord aus Angst vor dem Tod. Da waren wir schon mal.

Die Steine des Vorurteils

25. Februar 2018

Heimat und Stolz, diese Worte hat Cem Özdemir auf furiose und berührende Weise und im besten Sinne zusammengebracht, als er im Deutschen Bundestag gegen den Rassismus der AfD ansprach. Ausgerechnet diese beiden Begriffe reklamiert er für sich, für alle, die Deutschland als offene Gesellschaft sehen. Er war es, das Kind türkischer Einwanderer, der den Patriotismus gelebter Verfassungswerte im modernen Deutschland gegen den dumpfen Schmutz völkischer Ideologie verteidigte. Warum gerade er? Weil er genau weiß, was es ihn gekostet hat, weil es noch immer ganz und gar nicht mühelos ist, sich als Deutscher ohne völkische Attribute deutsch fühlen zu dürfen. Und auch so behandelt zu werden.

Wer als Angehöriger einer anderen sichtbaren Minorität in Deutschland lebt, erlebt jeden einzelnen Tag Rassismus. Ganz selbstverständlich geschehen den betroffenen Personen Dinge, die „normale" Deutsche zurecht als Unverschämtheit bezeichnen würden. Rassismus ist nicht nur das abwertende Wort. Es ist der tägliche Angriff auf die Würde. Ist es ungewöhnlich, dass Afrodeutsche schlechter behandelt werden als Weiße, dass man sie infantilisiert, ihnen Unfähigkeit unterstellt, sie schikaniert, sie gedemütigt werden oder ihnen gegenüber distanzlos und übergriffig gehandelt wird? Nein, das ist an der Tagesordnung. Und was geschieht? Rassismus hat damit dann angeblich nichts zu tun, sondern es liegt an der so behandelten Person, die sich nicht so verhält, wie es sich die weißen Deutschen erwarten.

Ein Beispiel für solchen Umgang ist die Werkstatt der Kulturen in Berlin. Sie gehört zu den wenigen Einrichtungen, die von einer Schwarzen Frau geleitet werden. Ihr Name ist Philippa Ebéné, sie ist eine deutsche Künstlerin, Intellektuelle, Organisationsgenie, einfallsreich, kreativ, gut vernetzt, international geschätzt und anerkannt. Sie hat in zehn Jahren aus einem Treffpunkt für Ausländer eine innovative urbane Kulturwerkstatt gemacht. Hier spiegelt sich heute die globale und damit verbundene migrantische Kunst, hier ist der kosmopolitische Ort des musischen Perspektivwechsels. Hier treffen sich Künstler und Publikum, um ein Deutschland zu illustrieren, das wirklich ein Ort auf dieser Welt ist. Die Werkstatt der Kulturen ist kein Strickclub für Gastarbeiterfrauen. Oder eine Spielstätte für Kulturrelativismus und verschrobene Identitätspolitik. Im Gegenteil: Philippa Ebéné unterstützt diejenigen, die gegen Despotismus und religiöse Unterdrückung ihre emanzipatorische Sehnsucht in der Kunst darstellen. Mit ihr gibt es in der Werkstatt keine Veranstaltungen von Gruppen, die radikale Ansichten als Kultur verkaufen wollen. Und schon gar nicht Treffen der antisemitischen Boykottbewegung BDS. Auch nicht aus Versehen.

Sie hat diesen Ort geschaffen, trotz miserabler Bedingungen, unlogischer Auflagen, trotz mancher Verwaltungsintrigen und rassistischen Herablassungen ihr gegenüber. Fast ohne Budget und unter Anfeindung hat sie genau die neue Heimat geschaffen, von der Cem Özdemir in seiner Rede sprach. Philippa Ebéné weiß auch, was es kostet, sich in Deutschland für die Heimat zu exponieren. Ihr Weg sollte mit Anerkennung und Dankbarkeit gepflastert sein. Und nicht, wie es Schwarzen Deutschen oft passiert, mit den Steinen des platten Vorurteils!

Das Bild vom Menschen

11. März 2018

Was sind das für Zeiten? Die Leute sind verwirrt. Irgendjemand sagt etwas Politisches und batsch! kriegt er es um die Ohren geknallt. Je moderater oder pragmatischer die Meinung, desto heftiger die Reaktion. Große Koalition? Furchtbar! Merkel? Unmöglich! Sozialdemokratie? Abgewirtschaftet! Demokratie? Heuchelei. Menschenrechte? Verlogen. Keine Problemfrage, die nicht mit höhnischen Kommentaren zerlegt wird. Und da sind wir noch lange nicht bei den sogenannten Reizthemen wie Rassismus, Antisemitismus, Einwanderungsgesellschaft. Wenn dann Leute fragen, was man gegen Rechtspopulismus tun kann, zeigt sich die große Ratlosigkeit.

Besonders in den sozialen Netzwerken ist diese Ratlosigkeit verheerend. Auch die neueste Variante eines Heftchens mit dem Titel „100 Argumente gegen rechts" werden hier nicht helfen. Muss man die erst auswendig können, um sich auf ein Streitgespräch einzulassen? Oder gleich das Gegenüber anschreien? Wie reagieren auf Provokationen, die nicht auf den Dialog ausgerichtet sind, sondern nur darauf, wütend zu machen und zu beleidigen? Was tun, wenn echte Nazisprüche kommen? Den Post melden? Bei der Polizei Anzeige erstatten? Darf man das? Oder ist das gleich Zensur?

Den meisten anständigen Menschen ist das zu anstrengend. Sie ziehen sich aus Diskussionen zurück, wollen mit dem rassistischen Schmutz in ihren Netzwerken nicht behelligt werden. Das ist sehr verständlich. Viele, die gern lesen, diskutieren, nachdenken, finden überhaupt, dass soziale Netzwerke kein Ort sind, an dem sie sich mit ihren Ansichten äußern möchten. Auch das ist verständlich. Doch die Marktplätze von heute sind die sozialen Medien. Noch nie in der Geschichte der Menschheit wurde so viel kommuniziert! Noch nie haben Menschen so viel Kontakt gehabt in Meinungssphären, die nicht die eigenen sind. Trotz Bubble und Algorithmen stoßen wir alle auf andere Welten, Milieus und Denkweisen. Und ja, das ist verwirrend.

Da hilft es, sich selbst zu fragen, welches Menschenbild einen prägt. Und genau das dem Gegenüber zu sagen. Was hält die anständigen Menschen in Deutschland davon ab, ihr Menschenbild auch klar zu äußern? Und eine Haltung zu zeigen, statt sich verunsichern zu lassen? Entspricht die von Herablassung, Aggression und Bosheit getriebene Sicht auf Menschen, wie sie von vielen Rechtspopulisten und Rechtsextremen gezeigt wird, der eigenen? Und wenn nicht, dann raus damit, dann muss man das sagen. Nein, das ist nicht mein Menschenbild, das ist nicht meine Haltung, ich stehe dazu und lasse mich nicht durch Hass manipulieren. Das eigene Menschenbild vor Inhumanität zu schützen, auch im Netz, das allein würde schon helfen. Und wenn mehr von denen, die nicht auf dreckigem Rassismus surfen, auch in den sozialen Netzwerken aktiv wären, könnte man sich gegenseitig besser vergewissern. Und schützen.

Wir müssen die Debatten führen. Es gibt wirklich vieles, worüber wir streiten sollten. Um das zu können, brauchen wir nicht nur Netzkompetenz, Argumentationshilfen oder Kommunikationsstrategien – alles Dinge, die in den neurechten Think-Tanks übrigens wie verrückt vermittelt werden –, wir brauchen die Gewissheit darüber, wie menschlich wir selbst sind. Und dass wir diese Menschlichkeit mit Haltung vertreten.

Der Wahnsinn der Einwanderungspolitik

15. April 2018

Albert Einstein sagte einmal, die Definition von Wahnsinn sei, immer wieder das Gleiche zu tun, jedoch andere Ergebnisse zu erwarten. In Bezug auf die Einwanderungspolitik der Bundesrepublik hat sich dieser Spruch auf bittere Weise bewahrheitet.

Seitdem ich diese Politik aufmerksam beobachte, seit der Wendezeit also, beruhte sie auf einigen kaum variierten Grundsätzen. Einwanderung gibt es nicht – das ist der erste. Wer doch kommt, tut es gegen das Interesse der Gesellschaft, so der zweite. Kommt jemand auf dem „Ticket" Asyl, das ist der dritte, sind die Gründe immer unlauter. Deshalb, der vierte, muss man es für die Ankommenden so schlecht wie möglich machen, damit nicht noch mehr kommen, egal, ob Asyl oder ein anderer Grund vorliegt. Also sind alle suspekt, die nach Deutschland kommen. Dabei ist es egal, ob sie Muslime sind oder nicht. Bei Muslimen kann man noch die Terrorangst in Anschlag bringen und manches mehr, das ist der fünfte.

Im Grunde geht es also um die „Schwarzköppe", nicht um Migranten aus dem blonden Norden. Fazit: Asyl und Einwanderung nicht trennen, allen grundsätzlich schlechte Absichten unterstellen und die sichtbaren, also dunklen Migranten abschreckend behandeln, so sieht deutsche Einwanderungspolitik aus.

Beim Blättern in einigen Zeitdokumenten fiel mir kürzlich ein Videomitschnitt in die Hand mit einer Brennpunkt-Sendung aus dem Jahr 1991, kurz nach den Pogromen in Hoyerswerda. Es war ein Live-Interview auf dem Marktplatz. Ich stand da, mitten im rassistischen Mob. Als ich sagte, ich sei für alle hier, die ein Deutschland mit Ausländern wollten, ging das Gegröle los. Den Atem der aufgebrachten Menge im Nacken zu spüren, war beängstigend. Der Hass gegen ein paar Schwarze Arbeitsmigranten ging tief. Es war nicht nur ein Aufbäumen von Protesthaltungen. Deswegen konnte ich auch die nächste Frage der Reporterin nicht in ihrem Sinne beantworten. Sie fragte, ob sich die Bevölkerung nicht auch im Osten mit der Zeit an die Ausländer gewöhnen werde, genau wie im wunderbar bunten Frankfurt am Main.

Meine Antwort: Ganz im Gegenteil, nimmt man diesen Hass hier nicht ernst, wird nichts gegen Rechtsextremismus getan und behandelt man Migranten weiterhin so schlecht, dann breitet sich diese Stimmung aus. Bis nach Frankfurt am Main. Reißt man im Osten die Barrieren gegen Rassismus nieder oder lässt zu, dass den Migranten die Schuld am Rassismus gegeben wird, dann färbt das auf den Westen ab.

Heute haben wir ein Klima in Deutschland, in dem Parteien gedeihen, deren Protagonisten sich offen geschichtsrevisionistisch, antisemitisch und rassistisch äußern und Vergnügen aus der öffentlichen Empörung dagegen ziehen. Flüchtlingsfeindliche Hetze, propagandistische Diffamierungen politischer Gegner, daraus besteht heute ein großer Teil des politischen Alltags.

Nun steht er da, der neue Innenminister, zuständig für Heimat und nicht für Einwanderung. Er läutet die nächste Runde ein. Begrenzen, abschieben, schlecht behandeln. Und keine Einwanderung. Nirgends. Als ob sich die Rassisten dadurch beruhigen lassen würden. Das hat auch früher nicht geklappt.

Das Gleiche tun, etwas anderes erwarten. Das ist Wahnsinn.

Erblühendes jüdisches Leben

22. April 2018

In einigen Städten Deutschlands spazieren in diesen Tagen Menschen mit einer Kippa auf dem Kopf durch die Straßen. Falls sich jemand wundert, dass es mit einem Mal so viele Juden in Deutschland rumlaufen – keine Sorge, es handelt sich um solidarische Flashmobs wegen des Angriffs auf den Mann mit Kippa. Es leben hochgerechnet gerade 200 000 Juden in ganz Deutschland. Dieses „wiedererblühte" jüdische Leben ist also recht spärlich gepflanzt. Wohl auch aus diesem Grund erreicht nur ein kleiner Teil der antisemitischen Ausfälle die deutsche Öffentlichkeit, denn meist sind es die Juden, die sie zur Sprache bringen. Bisher beschränkte sich die Mehrheit der nicht-jüdischen Deutschen darauf, solche Attacken kleinzureden, zu relativieren und die Reaktion der Juden darauf als hysterisch abzutun. Nach dem kurzen Video, auf dem ein Syrer einen Mann mit Kippa angreift und ihn als Jude beschimpft, ist das anders. Nun will man Antisemitismus bekämpfen. Dazu fallen mir zwei Dinge ein. Die Palästinenser als Daueropfer und das deutsche Rentensystem.

Kaum etwas mobilisiert in Deutschland so viele Gefühle, so viel Wut und solche Solidarität wie die Sorge um die Palästinenser. Der Araber auf dem Video mit seinen 19 Jahren sagt von sich, er sei Palästinenser. Vertrieben oder geflohen aus dem britischen Mandatsgebiet vor 70 Jahren, groß geworden als Flüchtling der 5. Generation und erzogen im Hass auf Juden. Ihm wurde beigebracht, dass er Opfer ist. Genau wie alle anderen Palästinenser, die sich dafür hergeben, als das internationale Symbol des Opferseins schlechthin zu gelten. Was für eine furchtbare Rolle! Opfer des Kapitalismus, Opfer des Rassismus und der Ungerechtigkeit, Opfer der Juden aka Zionisten. Und das alles ist so schlimm, dass jede Art von Terror, Gewalt oder wie hier Peitschenhieb als gerechtfertigt gilt. Wie auch nicht, wenn die Welt, die Medien und die UN ihnen dafür immer wieder Beifall spenden? Vielen Deutschen geht das Schicksal der Palästinenser sehr zu Herzen. Wo aber bleibt die „kritische Solidarität" mit ihnen? Wieso verlangt man nicht, dass sie die Nachkriegsordnung, zu der auch Israel gehört, endlich akzeptieren? Dass sie anfangen zu leben, statt ihr Leben dem Opfersein gegen den jüdischen Staat zu widmen? Wenn Deutschland ernsthaft etwas gegen Antisemitismus tun will, sollte es diese palästinensische Opfernarration nicht weiter unterstützen!

Und noch etwas kann Deutschland tun, wenn es um Antisemitismus geht. Die meisten der 200 000 Juden in Deutschland kamen aus der ehemaligen Sowjetunion, zeitgleich mit den 2,1 Millionen Spätaussiedlern aus derselben Region. Beide Gruppen stammten einst aus Deutschland. Die Juden waren vor Pogromen geflohen, die Deutschen siedelten im Osten. Beide sind nun mit Bezug auf die Geschichte wieder zurück. Die einen beziehen als Deutsche Rente, die Juden jedoch nicht. Weshalb? Wegen des deutschen Blutes! Das Rentenrecht basiert tatsächlich noch immer darauf. Vielleicht sollte die Politik, außer Reden darüber zu halten, wie wunderbar Deutschland ist, weil gerade hier im Land des Holocausts jüdisches Leben wieder „erblüht", auch endlich dafür sorgen, dass Juden den Deutschen gleichgestellt werden!

Aber ein Spaziergang mit Kippa ist ja auch schon gut.

Neutralität ist die Tür zur Zukunft

6. Mai 2018

Wenn man vor zwei Türen steht und nicht anders aus dem Raum herauskommt, ist es manchmal schwer zu entscheiden, welche man wählen sollte. Welche Alternativen verbergen sie? Gucci oder Gabbana? Pest oder Cholera? Oder man bleibt einfach wie angewurzelt stehen wie Buridans Esel und verhungert, weil die Heuhaufen hinter den Türen gleich verlockend sind? Die Diskussion um Kreuz oder Kopftuch erinnert mich an solche Situationen. In Bayern will man das Kreuz als Symbol der christlichen Kultur in allen öffentlichen Gebäuden aufhängen. In Berlin streitet man darüber, ob an öffentlichen Schulen Lehrerinnen mit Kopftuch erlaubt sein sollten. Die einen begründen den Wunsch nach dem Kreuz damit, demonstrieren zu wollen, dass Deutschland noch immer kulturell christlich-jüdisch geprägt sei. Die anderen finden, das Neutralitätsgebot des Staates gegenüber religiösen Bekenntnissen sei nicht mehr zeitgemäß, denn es diskriminiere muslimische Frauen und verstoße gegen die Religionsfreiheit.

Ja, nun muss man sich entscheiden. Entweder man entscheidet sich für das Kreuz, dann aber auch für muslimische Lehrerinnen oder Richterinnen mit Kopftuch. Das wäre, je nach politischer Perspektive, dann Ausdruck eines Kulturkampfes oder Ausdruck der Vielfalt. Oder man entscheidet sich für die Neutralität des Staates in religiösen Fragen, auch wenn es einen diskriminierenden Aspekt enthält. Dann muss aber auch das Kreuz verschwinden. Hier stehen wichtige Werte gegeneinander: Religionsfreiheit und Diskriminierungsverbot gegen das Neutralitätsgebot, weil Kirche und Staat getrennt sein sollten.

Zwei Dinge stoßen mir in der Debatte besonders auf. Zum einen ist es die Vereinnahmung des Jüdischen. Mit einem Mal reden die Leute über das christlich-jüdische Abendland, als eine fest gewachsene Kultur. 2000 Jahre Judenhass, deren vorläufiger Höhepunkt das Abschlachten von 6 Millionen Juden war – was daran ist christlich-jüdische Symbiose? Aus der Perspektive der Juden betrachtet, nichts. Politisch taucht diese Bindestrichnähe von christlich und jüdisch auf, da ein vermeintlich neuer Feind aufgetaucht ist: der Islam. Mit anderen Worten: Lasst bitte das Jüdische aus dem Christlich-Jüdischen raus. Das ist bei allem Respekt sehr zynisch.

Und das andere: Ich bin für Religionsfreiheit. Jeder soll glauben, was er will. Ich bin aber auch für die Freiheit von Religion, also für passive Religionsfreiheit. Das heißt, ich will nicht vor Gericht oder in der Schule permanent damit konfrontiert sein, welcher Religion der Amtsträger oder die Amtsträgerin angehört. Ich will nicht an all das denken müssen, was die jeweilige Religion in mir assoziiert. Weder die christliche noch die muslimische. Die Neutralität ist mir wichtiger als das Recht, auch in staatlichen Rollen Turban oder Kopftuch tragen zu dürfen. Es fehlt noch die Kippa. Aber keine Sorge – es sind in Deutschland einfach zu wenig bekennende Juden übrig geblieben, als dass sie sich trauen würden, mit Kippa ein öffentliches Amt zu bekleiden. Schon gar nicht bei der gegenwärtigen politischen Wetterlage.

Das kulturelle Gedächtnis unserer Gesellschaft ist voll von Konflikten und die Gegenwart ebenso. Dagegen helfen nicht noch mehr Kreuze oder Kopftücher. Dagegen helfen nur Ruhe, Vernunft – und Neutralität. Das ist die Tür zur Zukunft.

Vogelschiss der AfD

3. Juni 2018

Die Wahrscheinlichkeit, von einem Vogelschiss getroffen zu werden, sinkt mit jedem Tag. Das liegt am Insekten- und Vogelsterben. Heute muss sogar die AfD für eine Renaissance der Exkremente sorgen. „Hitler und die Nazis sind nur ein Vogelschiss in über 1000 Jahren erfolgreicher deutscher Geschichte", sagte Alexander Gauland am Samstag beim Bundeskongress der AfD-Nachwuchsorganisation Junge Alternative im thüringischen Seebach. Erst kam die erinnerungspolitische Wende um 180 Grad von Björn Höcke und nun der Vogelschiss von Gauland.

Es ist schon klar, was Gauland mit dem Bild ausdrücken will. Er scheißt drauf. Auf die größten Metzeleien in der Menschheitsgeschichte mit zwei Weltkriegen. Er scheißt auf die kaltherzig geplanten und heißblütig exekutierten Morde an Juden und vielen anderen, weil es die Nationalsozialisten eben so wollten. Ein Fliegenschiss. Er überhöht sich, ein Herrenmensch am Himmel der Menschheitsgeschichte. Gauland schaut herab auf die Ereignisse, auf diese winzigen Menschlein, wie sie verzweifelt um ihr Leben rennen. Kriege und Vernichtungslager über ganz Europa haben 60 bis 70 Millionen Menschen das Leben gekostet. Von da oben gesehen wabert unten eine schreiende Menschenmasse, auf die er getrost einen lassen will.

Abgesehen davon, dass die 1000 Jahre bei Hitler nicht funktioniert haben, als er sie in die Zukunft dachte, stimmen sie für die Vergangenheit erst recht nicht. Die deutsche Geschichte begann, wenn man sehr genau hinschaut, vielleicht im späten Mittelalter, und das war keine besonders erfolgreiche Zeit. Aber richtig los ging es im 16. Jahrhundert. Martin Luther schlug seine Thesen an eine Kirchentür, und 100 Jahre später begann der 30-jährige Krieg, der das Land verwüstete und in viele kleine Fürstentümer zersplitterte. Erst im 19. Jahrhundert machte sich eine Nation bemerkbar, die nur schwer mit der Entwicklung Europas Schritt halten konnte. Will Gauland darauf stolz sein? Sind es die beiden Weltkriege im 20. Jahrhundert, von denen er meinte, das Recht zu haben, stolz zu sein auf „Leistungen deutscher Soldaten in zwei Weltkriegen". Oder ist es am Ende doch die einzigartige Erfindung der Deutschen, Menschen in verschiedene Sorten zu sortieren und dann gezielt industriell abzuschlachten? Das war in der Tat neu in der Menschheitsgeschichte.

Die Empörung über Gaulands Zynismus reicht hier nicht aus. Gewiss beabsichtigt er genau das nach dem ausgelutschten Muster: gezielter Tabubruch, öffentliche Empörung mit Medienhype –, um am Ende das missverstandene Opfer zu sein. Doch darum sollte es hier nicht gehen. Die Zukunft der Erinnerung wird ganz anders aussehen, als sie Alexander Gauland in seiner Hybris haben will. Sie wird ambivalent bleiben, sie wird in der Einwanderungsgesellschaft ganz neuen Herausforderungen gegenüberstehen, sie wird differenziert sein, und sie wird immer wieder hinterfragt werden. Dafür werden die vielen Deutschen mit und ohne Migrationsblabla schon sorgen, die sich jeden Tag darum bemühen.

Und ein Vogelschiss auf der Straße – wird uns vielleicht an die Schattenseiten der industriellen Landwirtschaft erinnern. Aber ganz sicher nicht an den alten Mann von der AfD mit seinem dummen und verächtlichen Vergleich.

Dein Reich komme

12. August 2018

Reichsbürger sind schon lange nicht mehr witzig. Am Anfang wurden sie noch als exzentrische Spinner betrachtet, die sich dem deutschen Rechtsstaat entziehen, um weder Strafzettel noch Steuern zu bezahlen. Wer hat nicht schon einmal davon geträumt, sich mit ein paar Freunden eine Insel zu kaufen und auf Staat, Behörden, Bürokratie zu verzichten. In meiner Kindheit hatten wir mal im Garten einer Tante ein Schild aufgestellt, auf dem stand: „Bunte Republik Summt". Die Reichsbürger von heute sind aber weder Kinder noch Romantiker, auch wenn ihre verschiedenen Selbstbezeichnungen oft unfreiwillig komisch sind. Sie erkennen die Bundesrepublik nicht an, halten das Deutsche Reich für die legitime Rechtsform und sind in ihrer Ideologie vor allem eines: knallharte Verschwörungstheoretiker.

Jedes der Elemente ihrer Begründung, weshalb es die Bundesrepublik nicht gebe, strotzt vor wahnhaften Vorstellungen über fremde Mächte und jüdische Verschwörer, vor Geschichtsrevisionismus und militanten Fantasien über die finale Abrechnung am Tag X. Eine Reichsbürgerarmee soll schon in Planung sein. Ziele sind auch schon ausgemacht: Vertreter der pluralen, demokratischen Gesellschaft wie Abgeordnete, Mitarbeiter in Verwaltungen und Polizisten, Gerichtsvollzieher oder engagierte Bürger. Nicht witzig. Denn die Reichsbürger sind bewaffnet. Der Verfassungsschutz bezeichnet sie als Waffennarren – das klingt diplomatischer und soll beruhigen. Wie sie an die Waffen kommen? Waffennarren gehen halt in Schützenvereine und machen dort ganz legal einen Waffenschein. Ganz einfach.

Der Verfassungsschutz kann derzeit in Deutschland 18 400 Personen als Reichsbürger identifizieren. Was bedeutet, dass längst nicht alle erfasst sind. Die Szene wächst rasant. Zwischen Reichs-Späti und Öko-Bauernhof, für den man demnächst vielleicht sogar ein Visum braucht, gibt es viele Varianten, sogar mit etlichen Königen und Präsidenten. Etwa 300 Reichsbürgern wurde inzwischen die Waffenlizenz entzogen. Immerhin!

Soweit die schlechte Nachricht: Wir haben in Deutschland ein Milieu mitunter bewaffneter Spinner und Querulanten mit dem Drang, wahnhafte Verschwörungstheorien zu verbreiten, von denen laut Verfassungsschutz sogar 900 (sic!) der rechtsextremen Szene angehören sollen. Die gute Nachricht ist, dass sich diese Leute in ihre Kleinstaaten zurückziehen mitsamt ihren Ausweisen, Uniformen und sonstigen Absurditäten, weil es am Ende doch zu ungemütlich geworden ist in der Mitte der Gesellschaft. Dort finden sich in Ost wie West genug wunderbare Gutmenschen, die verhindern, dass sich Reichsbürger & Co. hier nicht mehr fühlen wie Fische im Wasser.

Dennoch ist es zu einfach, diese Szene als Randgruppe abzutun. Sie symbolisiert in überhöhter Form, wie Militanz und Verschwörungsideologien zusammengehen. Diese Tendenz ist nicht allein bei den Reichsbürgern zu finden. Verschwörungstheorien sind die Einstiegsdroge für Radikalisierungen. Sie funktioniert auf allen Kanälen, von Islamisten bis zu Reichsbürgern. Beide sehnen eine Weltordnung herbei, in der ihr Reich kommen möge. Eine Ordnung, so fundamentalistisch, antiemanzipatorisch, antidemokratisch, antisemitisch, militant wie jede andere, die mit Gewalt die Kultur der Demokratie abschaffen will. Gar nicht witzig.

NSU-Prozess ohne Katharsis

15. August 2018

Der Prozess gegen den Nationalsozialistischen Untergrund (NSU) ist zu Ende. Die Urteile gegen die Angeklagten wurden gesprochen. Dass der Prozess abgeschlossen werden konnte, dass die Urteile – besonders das gegen Beate Zschäpe – als angemessen empfunden werden, ist eine große Erleichterung. Dennoch scheinen in diesem Moment der NSU, die Morde, die Opfer, die Skandale, das Staatsversagen und nun am Ende die Urteile so, als wäre all das aus der Zeit gefallen. Wie ein Echo aus früheren Realitäten. Wie ein Wollfaden aus dem Labyrinth vergangener Geschichte. Wie eine Erinnerung, von der man Kopfweh bekommt und sie deshalb nie im Ganzen haben möchte.

Das Urteil schleppt die bleierne Zeit mit sich, in der Rassismus im Westen innerhalb der Institutionen so normal war, dass über Jahre die Opfer verhöhnt, die Angehörigen beschuldigt und die Ermittlungen nicht mit Hochdruck, sondern nur mit Hochmut betrieben wurden. Das Gegenstück im Osten passte dazu perfekt. Naziterroristen konnten unbehelligt von hier aus ihre Raub- und Mordzüge planen, in die Ferien fahren, essen, trinken, Spaß haben. Wer heute noch leugnet, dass der Rassismus in den Institutionen des Westens gang und gäbe war, macht sich ebenso lächerlich wie jener, der behauptet, der Osten wäre nie, zumindest in Teilen, ein perfektes Nazi-Biotop gewesen.

Beides zu ignorieren und zu verleugnen, hat das Deutschland dieser Jahre ausgemacht. Und beides zu wissen und zu benutzen, hat den Erfolg des NSU ermöglicht. Die Naziszene im vereinten Deutschland hat es schnell begriffen. Sie mussten nur die blinden Flecken der staatlichen Strukturen mit ihrem Wissen, wie zuverlässig der Rassismus jeweils in Ost und West funktioniert, zusammenrühren. Daraus konnten sie ihre strategische Klarsicht organisieren.

Das alles hat der Prozess gegen den NSU irgendwie mitgeschleppt, nicht aber in aller Klarheit und Schärfe ausgesprochen. Deshalb bleiben Prozess und Urteil hinter der Bedeutung zurück, die beides für Deutschland hätte haben können. Trotz der Dauer und der Erwartungen erreichte er nicht die Bedeutung anderer großer Prozesse der Nachkriegsgeschichte. Denn das Ungesagte, die Entscheidung, strukturelle Fragen zu umgehen, und das Fehlen des analytischen Moments ermöglichte am Ende dann auch nicht die Katharsis, auf die die Opfer so gehofft hatten.

Aus der Zeit gefallen wirkt das Ende des Prozesses noch aus einem anderen Grund. Die Atmosphäre von heute unterscheidet sich von jener Zeit, als der Prozess begann. Damals ging es um Aufklärung, um Morde und Nazis. Heute sind etablierte Medien wie soziale Netzwerke voll davon, allen Ernstes die Grundlagen der Menschlichkeit zu diskutieren, also ob man Ertrinkende retten oder zur Abschreckung doch besser ersaufen lassen sollte. Kein Zynismus einer radikalen Randgruppe steht hier zur Debatte, sondern die Basis der westlichen Wertvorstellung von der Unteilbarkeit der Menschenwürde.

Der NSU war krass damals. Aber heute? Beate Zschäpe und ihre Komplizen haben, wenn sie dieses Heute zynischer Debatten sehen, die Zeit vorweggenommen, den Weg bereitet. Vorgedacht. Die Einheit vollendet. Nein. Der NSU-Komplex muss weiter untersucht werden, bis in die Gegenwart hinein, damit die Zukunft nicht so unmenschlich wird wie die rassistische Verrohung der Debatten von heute.

Einige Anmerkungen zu #metwo

21. August 2018

Was bedeutet eigentlich das two in #metwo? Gewiss, es ist eine Analogie zu #metoo, bei dem Frauen über sexuelle Übergriffe berichten, was zu einer breiten Debatte in den USA und anderen Ländern geführt hat. Doch das #metwo spielt nur mit dem Klang. Two bedeutet zwei, und damit soll angedeutet werden, dass Menschen mit „Migrationshintergrund" zwei Identitäten haben können. Zwei Identitäten? Was ist mit denen, die einfach nur Opfer von Rassismus sind? Schwarze Deutsche, Sinti und Roma, Juden – Menschen, die deutsch sind, aber markiert durch ihre Hautfarbe oder etwas anderes, egal, wie viele Jahrhunderte eine vermeintliche Migrationsgeschichte her ist? Rassismus ist das Thema und nicht Migration. Darum geht es und nicht um vermeintliche Herkünfte oder gar Staatsangehörigkeiten. Heute ist die Gesellschaft eben bunter. Kinder in der globalen Welt, auch wenn sie in Deutschland leben, kommen sehr oft aus hybriden Familien. Und sie wachsen wie selbstverständlich mit einer kosmopolitischen Identität auf. Geboren in Deutschland, in den Ferien bei der Familie in Ghana, in den Niederlanden zur Schule gegangen, zu Besuch in Japan bei der Tante, Studium in Hongkong, um später in Berlin bei der Großmutter zu wohnen und in einem Projekt zu arbeiten. Was daran ist TWO? Wenn in Deutschland dann ein solches Menschenkind angespuckt wird, dann ist das nicht normal, sondern emotionales Mittelalter. Rassismus nennt man das. Primitiv und gefährlich, ausgeübt von Menschen, die sich aus vollkommen irrationalen Gründen für etwas Besseres halten.

Retraumatisierung versus Voyeurismus

Was bedeutet es, wenn Menschen, die rassistisch beleidigt, gedemütigt und verletzt werden, dies öffentlich kundtun? Sie tun es, weil sie darauf hoffen, dass es ihnen hilft. Sie tun es, weil sie hoffen, dass die anderen, die davon nicht betroffen sind, aufmerksamer werden, dass diese dann protestieren und bereit sein werden, sie zu beschützen. Sie tun es jedenfalls nicht, um ihre Situation noch zu verschlimmern. Rassistisch diskriminierte Menschen haben genug zu kämpfen, sie brauchen keine zusätzliche Aufmerksamkeit, die ihnen das Leben erschwert. Wenn sie also ihre Erlebnisse öffentlich posten, wollen sie eines ganz bestimmt nicht: nämlich, dass weiße Deutsche von Fall zu Fall beurteilen, ob der geschildete Vorfall krass genug ist, um als Rassismus „durchzugehen". Oder schlimmer, dass dies zur Vorlage für weitere Beschimpfungen wird. Jeder, der zu erlebtem Rassismus postet, kennt das Risiko.

Deshalb ist es mutig und zugleich ambivalent, sich zu outen. Denn es bringt die Schreibenden in Konflikte. Oder besser gesagt: Die Konflikte von Menschen, die mit Rassismus aufgewachsen sind, sind schmerzhaft und anstrengend und lebensbestimmend – voller Kompromisse, Verdrängungen und natürlich Wut. Solche Konflikte einfach nicht zu haben, weil man eben weiß ist und nicht und nie von Rassismus betroffen ist, macht einen riesigen Unterschied. Eine tonnenschwere Last im eigenen Leben tragen oder eben nicht tragen zu müssen, ist die Frage. Wer also von Rassismus spricht, zeigt von dieser Last ein kleines Stück. Und wenn man sich in diesen Schilderungen wiedererkennt, weil sie die eigenen Erfahrungen spiegeln, wie fühlt sich das an? Es ist wie eine Retraumatisierung. Für Menschen mit Rassismuserfahrungen sind die Berichte von Leidensgenossen oft unerträglich. Sie rühren an eigenen Verletzungen, sie erzeugen ein kaum stillbares Mitgefühl mit den anderen Betroffenen. Sie machen einfach nur traurig und oft auch hoffnungslos.

Das Ding mit der Fremdheit

Was bedeutet es, wenn bei Rassismus immer gleichzeitig von Fremdheit gesprochen wird? Was heißt das eigentlich? Welches Koordinatensystem liegt dem zugrunde? Wer ist fremd oder entfremdet und wovon? Humanität, Menschlichkeit, Universalismus,

Gleichwertigkeit und Solidarität – das ist die große Leistung der Menschheit. Zumindest der lange Kampf dafür. Nicht das Gegenteil davon kann Kriterium für die Norm menschlichen Verhaltens sein. Unmenschlichkeit, Ungleichwertigkeitsideologien – also Rassismus, Partikularismus und Hass als Maßstab des Handelns? Es gab und gibt Regime, die das für sich ungeniert in Anspruch nehmen, vermeintlich zum Wohl von irgendwem, dem „eigenen Volk" beispielsweise. Und damit bringen sie Tod und Unheil auf die Welt. Deutschland im Nationalsozialismus hat wie kein anderes Land mit der Zivilisation gebrochen, als es Millionen Menschen industriell tötete und durch Kriege Europa und andere Teile der Welt verwüstete. Die Zahl der Toten, bis zu 60 Millionen, ist kaum rational zu erfassen. Emotional vermag sich niemand wirklich vorzustellen, was das an Leid und Grauen bedeutete.

Auf diesem Erbe entstand das Nachkriegsdeutschland. Sich aus dem Blut herauszuschälen und ein neues Kapitel zu beginnen, das hat Deutschland nur mithilfe der Alliierten geschafft. Vor 70 Jahren entstand als Koordinatensystem der neuen Werte das Grundgesetz. Es stellte das Recht und die Humanität in den Mittelpunkt. Es stellte die Grundlage her, die Wertebasis, das Betriebssystem für die Chance, den barbarischen Zivilisationsbruch, das Grauen, die klaffende Lücke durch Millionen Tote langsam zu überwinden. Und derjenigen zu gedenken, die ermordet wurden. Und diejenigen zu ehren, die gegen die Barbarei Widerstand geleistet haben. Was sonst! Das sollte die Norm werden. Daran misst sich Humanität.

Wer also ist heute fremd? Diejenigen, die sich am Menschlichen orientieren? Oder diejenigen, die es leugnen und verachten? Die Antwort kann nur sein: Fremd ist, wer anknüpft an das Repertoire des Unmenschen, wer Vielfalt hasst, wer Gewalt sät, wer andere demütigt, wer sich unmenschlich verhält. Und wer das alles unkommentiert geschehen lässt. Der ist fremd. Wer das tut, begibt sich in die Sphäre außerhalb des Akzeptablen, des Humanen und des Richtigen. Und nicht diejenigen, denen dieses Leid widerfährt! Nicht die Schwarzen Kinder sind fremd, denen Unfassbares zugemutet wird, nicht die Menschen, deren Namen nicht deutsch genug klingen, nicht Sinti und Roma, nicht die Juden, nicht all diejenigen, die markiert und bewertet werden, sind fremd. Sie mögen eine Minderheit sein. Aber fremd im Sinne des Humanen sind diejenigen, die das Ende der Barbarei noch nicht verstanden haben. So rum ist es richtig und nur so.

Schana Towa allerseits!

9. September 2018

Wenn der Sommer vorbei ist und die Tage dunkler und kürzer werden, beginnt für mich ein neues Jahr. Im Herbst startet das Schuljahr, das neue Semester beginnt in der Uni, im Betrieb fängt nach der Urlaubszeit auch ein neues Kapitel an. Und für die Juden findet in dieser Zeit das Neujahrfest Rosch haSchana statt. Dieser Feiertag ist keine Party mit Countdown wie zu Silvester. An Rosch haSchana beginnt die Zeit, über das vergangene Jahr nachzudenken und darüber, wie man selbst darin gehandelt hat. Das ist die Voraussetzung dafür, es im kommenden Jahr besser zu machen. Umkehr, Teschuwa, heißt diese Möglichkeit. Bekenntnisse sind überflüssig, nur Handeln zählt. Ich blättere dann immer in meinem Kalender vom vergangenen Jahr und versuche, mich zu erinnern.

Es war ein schwieriges Jahr. Seit der Bundestagswahl hat sich die Atmosphäre enorm aufgeheizt. Noch nie war so viel Hass unterwegs, noch nie erlebte ich so heftige Drohungen. Vielen Menschen ging es so. Dass die Politik sich bis heute in der Situation oft unreif und unsicher verhält, dass viele Politiker ohne Not auf der rechtspopulistischen Welle mitreiten wollten, empfinde ich jeden Tag als besonders schmerzhaft. Die Diskursverschiebung nach Rechts kam nicht langsam, sondern innerhalb weniger Monate. Was neulich noch eine selbstverständliche ethische Norm war, wie z. B. die Seenotrettung ertrinkender Menschen, geriet zu einer Ausnahmeansicht verirrter „Gutmenschen" – um mal eine der harmloseren Bezeichnungen zu nennen. Die Perspektive derer, die von Hass und Gewalt getroffen waren, wurde nicht mehr nur ignoriert, wie sonst meistens, sondern schlimmer: Sie wird nun mit Hohn und Verachtung quittiert.

Heiße Kälte in der Eskalation, das Lachen der Täter, die süffisanten Mundwinkel der Brandstifter, der Rausch des Erfolgs gegen Vernunft und simple Menschlichkeit und das Erstarren derer, die damit nicht gerechnet haben. Am Ende mündete dieses Jahr in die Ereignisse von Chemnitz. Hier wurde sichtbar, was ich lange befürchtet hatte. Der für Westeuropa typische bürgerliche Rechtspopulismus verband sich mit dem in Osteuropa verbreiteten und vollkommen antibürgerlichen brutalen, nationalrevolutionären Rechtsextremismus. Das ist wirklich beängstigend.

Wenn ich über das Jahr nachdenke, dann ärgern mich vor allem jene Zweifel, die unnütz sind und nur Kraft kosten. Mich ärgern die Atemlosigkeit, mit der ich den Ereignissen begegnete, und die gelegentlichen Anfälle von Pessimismus. Stattdessen wünsche ich mir für das neue Jahr genügend Kraft, weiter daran zu arbeiten, dass die Welt ein menschlicher Ort sein möge. Zedaka heißt Gerechtigkeit. Es bedeutet einen Unterschied zu machen, und sei es im Detail. Es ist nicht egal, ob wir Initiativen in Sachsen oder sonst wo unterstützen. Für sie macht es einen großen Unterschied. Das gleiche gilt für Opfer rassistischer oder antisemitischer Gewalt. Für sie ist es nicht egal, ob wir ihnen helfen oder nicht. Man muss es nur tun. Es ist liegt allein in der Verantwortung jedes Einzelnen.

Dafür und für alles andere wünsche allen ein lebendiges, süßes und mutiges Neues Jahr, mit viel Erfolg und Energie für den Unterschied, für den niemand anders sorgen kann als wir selbst. Lasst uns weiter die Welt reparieren. Schana Towa allerseits!

Menschen aufblühen sehen

18. November 2018

Als ich Christian Petry das erste Mal sah, trug er lässig sein Jackett über den Schultern und hatte die Hände in den Hosentaschen. Er sah aus wie der perfekte englische Gentleman, außerordentlich höflich, formell und informell zugleich und vom ersten Augenblick an ungewohnt wertschätzend. Das war im März 1990, noch vor der Einheit. Als Geschäftsführer der Freudenberg Stiftung hatte er Vertreter des Runden Tisches der DDR eingeladen, um über die ostdeutschen Erfahrungen in der Ausländerarbeit – damals hieß das so – zu sprechen und mit Kollegen aus dem Westen zu diskutieren. Diese Begegnung werde ich schon deshalb nie vergessen, weil sie fortan auf sehr viele Menschen einen großen Einfluss hatte.

In unserer Zeit, geprägt von Umwälzungen, neigen Menschen dazu, sich handlungsunfähig zu fühlen. Zu stark wirken die Zentrifugalkräfte in der Politik, der Wirtschaft und der Gesellschaft. Was soll da ein Einzelner schon ausrichten können? Vor dem Hintergrund der Globalisierung, Digitalisierung und Migration drängen sich Zweifel auf, besonders da diese Zeiten Rechtspopulisten in die Hände zu spielen scheinen. Christian Petry widersprach dem. Nicht mit Worten, sondern mit seinem Beispiel.

Er war einer der klügsten Menschen, denen ich je begegnet bin. Scharfsinnig, originell und sortiert nach erstens, zweitens und drittens diskutierte und analysierte er Probleme und fand praktische und mutige Lösungen. Er wollte nie selbst gelten, sondern anderen, die es brauchten, Geltung für ihre Themen verschaffen. Christian Petry hätte ein berühmter Professor sein können oder ein wichtiger Autor, Philosoph oder gar Politiker. Er hätte überall eine glänzende Karriere gemacht. Er entschied sich jedoch für etwas anderes. Seine Leidenschaft war es zu sehen, wie Menschen aufblühen, wie Kinder und Jugendliche sich entfalten, wie Schulen zu einem Ort werden, an dem demokratisches Lernen möglich wird. Und zwar auch und besonders für die Benachteiligten, für diejenigen, die trotz des Rassismus in der Gesellschaft in ihr einen Platz brauchen. Er war von der Idee beseelt, dass Individuen etwas ausrichten können. Deshalb stellte sich Christian Petry ganz in deren Dienst. Er tat es, indem er Netzwerke und Strukturen aufbaute und sie zu finanzieren half. So langweilig, wie es klingt, so wichtig sind die vielen Institutionen der Zivilgesellschaft für alle, die sich engagieren.

Er hat damit die Nachwendezeit stark beeinflusst. Ohne ihn gäbe es wohl keine Infrastruktur gegen Rechtsextremismus. Und in der Vorwendezeit hätte es ohne ihn wohl keine praktische Schulreform gegeben, die systematisch Kinder aus Migrantenfamilien einbezieht. Viele der Dinge, die heute selbstverständlich sind, gehen auf seine Ideen zurück. Er war ein zutiefst liberaler Mensch mit klarer moralischer Haltung, die Rassismus oder Antisemitismus ohne Wenn und Aber ausschloss. Von allen Dingen, die ich von ihm gelernt habe, ist eines besonders wichtig. Jeder Mensch kann einen Unterschied machen. Zentrifugalkräfte hin oder her. Mit oder ohne Jackett über den Schultern. Etwas wertschätzend zu ermöglichen, damit Menschen aufblühen können, das ist das Wichtigste in unserer Zeit.

Am 12. November verstarb Christian Petry. Wir werden sein Vermächtnis weiterführen.

Mein Weihnachtswunsch

16. Dezember 2018

Mit dick gefütterten Weihnachtsstiefeln geht es auf den Heiligen Abend zu. Jetzt kommt der Endspurt zum Lieblingsfest der Menschen, jedenfalls der christlich sozialisierten. Geschenke kaufen, dazwischen Crêpes mit Eierlikör oder Schokoladensoße futtern, die Kinder beruhigen – ja, in einer Woche ist es so weit. Dann werden Wünsche erfüllt, die kleinen und manchmal auch die großen. Weihnachten, das ist das Fest des Friedens, der Hoffnung und des Lichts. Das Christkind, geboren in der Fremde, beherbergt in einem Stall, gebettet in einer Krippe, ist zum Symbol der Verheißung von Güte und Nächstenliebe geworden. Seine Anwesenheit in der Welt soll den Menschen als Beispiel dienen und ihnen Frieden bringen. Was für eine wundervolle Vorstellung.

Ehrlich gesagt, eine Pause vom toxischen Hass, den Beleidigungen, von den täglichen Angriffen rechtsextremer Trolle und ihrer geistigen Brüder bei Pegida oder der AfD wäre doch mal was. Ausgerechnet diese Leute reklamieren die christlich-abendländische Kultur für sich. Gewiss, sie verstehen nichts davon, denn die Weihnachtsgeschichte ist so ungefähr das exakte Gegenteil ihrer Ideologie. Dennoch beharren sie darauf, dass ausgerechnet sie das Abendland zu verteidigen haben. Also, ihr Anti-Elfen, ihr Nächstenhasser, ihr Hoffnungslosen und Dunkelmacher, ihr Respektlosen gegenüber der Idee von Weihnachten: Macht mal Pause! Ärgert euch einen Moment nicht darüber, dass Josef und Maria Flüchtlinge wurden, Jesus ein Jude war und die Könige des Morgenlandes tolle Geschenke brachten. Und niemand sich um deren Hautfarbe scherte.

Kommt runter, atmet aus, gönnt euren hochroten Köpfen ein wenig Frieden. Regt euch bitte mal einen Augenblick nicht darüber auf, dass in Baden-Württemberg eine Frau dem Landtag vorsteht, die auch noch in der Türkei geboren wurde. Und dass ausgerechnet sie dem unlauteren Treiben von AfD-Abgeordneten ein Ende gemacht hat, mag euch schlimm vorkommen, aber gewöhnt euch besser daran. Denn dies entspricht dem umfassenden Grundgedanken des Christentums, der eben nicht nur weiße Männer meint. Das klingt zu klischeehaft, um wahr zu sein? Finde ich eigentlich auch. Doch die Berliner AfD hat tatsächlich einen Adventskalender herausgebracht, der peinlicherweise #sagjazuweissenmännern heißt. Er soll wohl dem Gefühl großer Unterlegenheit Ausdruck verleihen. Der arme weiße Mann als Opfer, dem zu huldigen geboten scheint. Da ploppt wohl eine ganz schlimme Kränkung auf, obwohl in Gremien, Öffentlichkeit oder Parlamenten noch längst nicht die Parität der Gesellschaft abgebildet ist. Weder bei Frauen noch bei Eingewanderten. Diese Kränkung übrigens wird von den weißen Männern niemandem sonst zugestanden.

Macht mal einen Break bei euren misogynen und rassistischen Attacken. Wozu das viele Gift? Ist doch ganz unchristlich. Also mein Wunsch zu Weihnachten ist klar: Möge der Elfenstaub über euch kommen, ihr Gequälten, ihr Wüteriche, ihr Gekränkten. Es gibt auch für euch eine Weihnachtsgans und Geschenke und köstliche Crêpes mit Eierlikör plus Schokoladensoße. Im Sinne eines friedvollen Festes: Versucht es mal mit Barmherzigkeit, Vergebung und Versöhnung. Aber für alle Menschen. Drunter macht es Jesus nicht.

2019

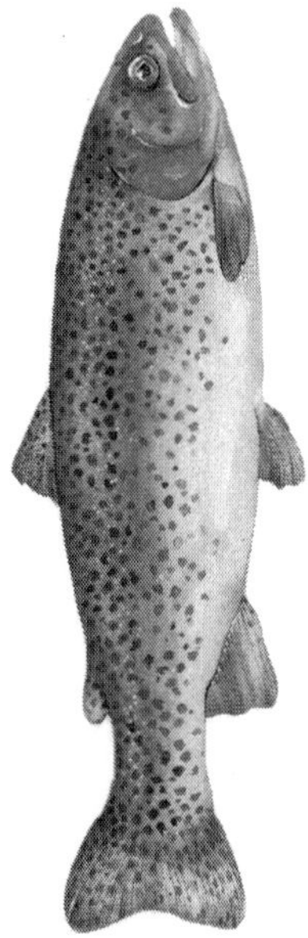

Chanukka – Nehmen wir uns ein Beispiel an den Makkabäern!

15. Januar 2019

In besonders grauen und dunklen Zeiten braucht es Hoffnung. Der Dezember raubt den ohnehin schon kurzen Tagen mit seinem kalten Nebel das spärlich übrig gebliebene Licht. Aber die Menschen sind schlau. Sie machen selbst, was sie in der dunklen Zeit am meisten brauchen: Licht und Farbe. Das christliche Weihnachten feiert die Geburt eines Babys, das die Menschheit erlösen soll.

Alle jungen Eltern kennen doch diesen Augenblick, voller Hoffnung und Liebe, wenn sie ihr Neugeborenes anschauen. Das Christkind wurde in einem Stall geboren, weil sonst kein Platz war für die Eltern. Eine Geschichte über Flucht, Fremde und Mitgefühl. Ausgerechnet dieses Kind wurde zum Symbol der christlichen Welt mit ihren Werten. Was für eine hochpolitische Geschichte in diesen Tagen.

Aber das hier soll keine Weihnachtskolumne sein. Heute geht es um Chanukka, das jüdische Lichterfest. Ich finde ja, es macht wenig Sinn, über Antisemitismus zu reden, ohne auch mal über das Jüdische zu erzählen. Darüber wissen die Leute meist wenig. Chanukka hat gerade begonnen.

Der Anfang geht genauso. Erst Dunkelheit, Kälte, alles grau, kurze Tage: Winter eben. Das Gegenmittel ist ebenfalls ähnlich. Licht, Kerzen und beides gebührend feiern. Die Geschichte dahinter ist auch sehr politisch. Sie begründet die wunderbare Hoffnung, dass Menschen sich selbst befreien können, selbst wenn sie nur wenige sind. Wenn das getan ist, kann auch ein kleines Wunder geschehen.

Das große Wunder war, dass sich im alten Israel die Makkabäer erfolgreich gegen die Herrschaft der Griechen zu Wehr setzten, die sogar den Tempel von Jerusalem mit Statuen von Zeus entweiht hatten. Die Makkabäer, nur eine Handvoll Leute, kämpften hartnäckig und organisiert. So schafften sie es, die Griechen mitsamt ihren steinernen Autoritäten zu vertreiben und den Tempel wieder einzuweihen. Dafür brauchte es allerdings dieses spezielle, geweihte Öl für den Leuchter. Nach den Kämpfen übrig geblieben war jedoch nur ein winziger Rest. Dennoch – und hier kommt das kleine Wunder – es reichte entgegen aller Logik dafür, dass der Leuchter acht Tage brennen konnte. Deshalb dauert Chanukka auch genauso lange.

Selbstbefreiung ist ein wunderbares Motiv für düstere Zeiten. Sie ist genauso wichtig wie Nächstenliebe. Hass und Lügen, Kälte und Unmenschlichkeit, Hohn und Bosheit sind in unseren politischen Alltag eingezogen. Überall stoßen wir auf rechtsextreme, antisemitische und rassistische Stimmungsmache. Gegen alles, was mühsam an Fortschritt erkämpft wurde. Die Rechte für Frauen, für sexuelle Vielfalt, für Einwanderer, Minderheiten aller Art sind ganz bestimmt noch längst nicht alle erfüllt. Aber es gibt sie.

Doch selbst wenn es manchmal so scheint, als wäre alles düster und die entfesselten Populisten schöben ihre rückschrittlichen, steinernen Statuen auf die Stelen des hart erworbenen Fortschritts, muss das nicht unwidersprochen bleiben. Gewiss, es sind schwierige Zeiten, weltweit. Doch an Chanukka erinnern wir uns der Makkabäer. Die haben es auch geschafft, den autoritären Götzen und ihren Verteidigern zu trotzen. So entstand wieder Platz für Nächstenliebe.

In diesen Zeiten brauchen wir beides. Acht Tage, acht Lichter am Fenster. Hoffnung an Chanukka.

Rechte zwischen Anti-Islam und „Gender-Wahn“

11. März 2019

Hach, es ist immer wieder witzig, sich über Frauen und den ganzen Gaga-Genderismus lustig zu machen. Das Netz ist voll davon. Und Sich-lustig-Machen geht ja noch. Mit Schenkelklopfern fängt es an, und schnell wird daraus ein geradezu infernalischer Frauenhass. Auf Websites und Foren, auf Twitter oder in Kommentaren geht ein aggressiver Geist um. Frauen, die sich zu aktuellen Fragen äußern, werden beleidigt, bedroht, beschimpft, mit jedem denkbaren Schmutz beworfen. Und zwar so lange, bis sie aus den Diskussionen verschwinden. Männer, die so agieren, wehren sich nicht gegen gendergerechte Sprache mit oder ohne Sternchen, sondern diskutieren den für sie gerade noch ertragbaren Grad an Emanzipation. Sie bestehen auf ihrem gurgelnden Wahn, dem zufolge angeblich die Natur höchstpersönlich ihnen die Überwertigkeit geschenkt habe. Und klar – je rechter diese Leute sind, desto ausgeprägter und aggressiver ist deren Auftreten.

Abgesehen davon, dass es nicht schön ist, als Frau auch davon ständig betroffen zu sein, stellen sich mir dabei immer zwei Fragen, auf die ich keine vernünftige Antwort finden kann. Was wollen Menschen, die so agieren, eigentlich? Wollen sie zurück in eine Zeit, in der Frauen kein Wahlrecht hatten? Weder in der Ehe noch in der Öffentlichkeit oder im Beruf? Sie waren keine Menschen, sondern eben nur Frauen. Sie hatten dem Manne zu dienen und zu reproduzieren und sonst gar nichts. Was wollen die Frauenhasser von heute? Eine völkische Gemeinschaft mit klaren Rollenbildern, in denen die Frauen wieder kontrolliert werden müssen? Wollen sie eine Welt ohne nervende Frauen in der Öffentlichkeit, die eine andere Perspektive auf männlich angestammte Weltregeln einbringen? Scheint so.

Die Frage ist: Wie soll beides gehen in der modernen Gesellschaft, von der auch Frauenhasser profitieren? Die Rechten zwischen Anti-Islam und „Gender-Wahn". Es gibt keine moderne Gesellschaft ohne Demokratie, ohne Gleichheit vor dem Gesetz, also ohne Gleichberechtigung. Und der Grad der Emanzipation lässt sich nicht vorher festlegen oder kontrollieren. Also, ein bisschen Frauenrechte geht nicht, auch wenn sich manche es so wünschen. Die Moderne entwickelt sich immer weiter. Die andere, zugegebenermaßen rhetorische Frage bezieht sich auf den Rassismus dieser Leute. Wie können Menschen, die derart frauenverachtend unterwegs sind, dann gleichzeitig andere Frauenverachter verachten? Wie beispielsweise die Islamisten.

Die Gender-Gaga-Fraktion mit ihren misogynen Tiraden ist ja erklärte Gegnerin des Islam. Sie wirft der Religion vor, Frauen zu hassen. Und nicht nur denen, sondern auch Afrikanern, Flüchtlingen, ja überhaupt allen, die nicht so „deutsch" aussehen wie sie selbst. Es steht außer Frage, jedenfalls für mich, dass Frauenfeindlichkeit, antiemanzipatorische Tendenzen überall gleichermaßen inakzeptabel sind. Aber wie machen das diese Rechten? Wie können sie „den Islam" wegen seiner Frauenverachtung hassen und selbst die schlimmsten sexistischen Aggressionen äußern, wenn sie irgendwo mit Fragen der Emanzipation konfrontiert werden? Oder, die etwas besser Erzogenen, wenn sie darauf mit Begriffen wie „Gender-Wahn" reagieren. Kann denen mal jemand erklären, wie verlogen das ist? Und wie ganz und gar nicht witzig!

Die Ingenieure der Todesöfen

15. März 2019

Meinen Großvater habe ich nie kennengelernt. Er war Ingenieur. Eigentlich ein ehrbarer Beruf. Seine Familie freilich hatte mehr von ihm erwartet. Seine Onkel hatten allesamt Doktortitel, einige waren sogar Professoren. Meinem Großvater gelang eine solche Karriere nicht. Weshalb das so war, weiß ich nicht genau. Er hatte keinen guten Start ins Leben, denn seine von der Familie sehr geliebte Mutter starb kurz nach seiner Geburt. Um die Jahrhundertwende geschah so etwas öfter. Dennoch – irgendwie blieb von diesem Unglück etwas an dem kleinen jüdischen Jungen hängen. Es lag kein Vorwurf im Blick seiner Familie, eher ein Gefühl von Verlorenheit, mit dem der Knabe aufwuchs.

Am Tag, als der große Festakt anlässlich von 100 Jahren Weimarer Verfassung stattfand, fuhr ich nach Erfurt, um dort für Studenten ein Seminar abzuhalten. Es ging dabei um die Aufarbeitung der Geschichte der Shoa. Denn die Tatsache, dass Aufarbeitung im Westen Deutschlands zu spät und wenig geschehen war, lenkt den Blick davon ab, dass sie in der DDR fast vollständig ausgelassen wurde.

Mit der Deklaration, fortan ein antifaschistisches Land zu sein, blieb aus, was Aufarbeitung ausmacht. Über die schwierige und schmerzvolle Erinnerung, über Mittäterschaft oder Duldung der Verbrechen im eigenen Umfeld wurde nicht gesprochen. Im Osten Deutschlands, so erklärten wir den Studenten, hatten ebenso viele dem Untergang der Weimarer Republik zugejubelt wie im Westen und ebenso viele streckten Hitler danach ihren Arm entgegen. Vernichtungskrieg und Zerstörung, der systematische Massenmord an den Juden bildeten das Erbe der Nachkriegszeit, auch im Osten.

Das Seminar fand am Erinnerungsort Topf & Söhne statt, der erst 1993 eingerichtet wurde. Weithin sichtbar prangt an der Ecke des Hauses das Zitat „Stets gern für Sie beschäftigt …“. Die Schrift markiert von außen die Arbeitsplätze jener Ingenieure, die daran arbeiteten, die bestmögliche industrielle Feuerungstechnik für die Verbrennung der Opfer des Völkermords in Auschwitz zu konstruieren. Die Firma Topf & Söhne hatte beim Aufbau der Todesfabriken in Auschwitz-Birkenau eine Schlüsselrolle. Und wie selbstbewusst sie der SS gegenübertrat, zeigt sich im Geist dieses Satzes. Die Aufschrift hat mich irritiert. Das sollte sie wohl auch. Sie wirkt zynisch. Gerade weil den Ingenieuren jeglicher Zynismus damals fremd war. Die Todesöfen bestanden für sie aus technischen Daten. Nicht einen Augenblick ging es ihnen um die Menschen, die dort verbrannt werden sollten. Für sie waren es keine.

Die Führung durch die Ausstellung nach dem Seminar hat mir zugleich den Atem genommen und mich wütend gemacht. Jedes Schriftstück, jedes Foto zeugt von der Kälte der Menschen in dieser industriellen Vernichtungsmaschinerie. Sie zeugt auch davon, dass allen, einschließlich der Belegschaft, absolut klar war, was sie da taten.

Ich weiß nicht, wie mein Großvater wirklich war, sicher ein komplizierter Mensch. Ich hätte ihn in jedem Fall gemocht, denn Kinder lieben ihre Großväter. Nach der Scheidung von meiner Großmutter hatte er noch zwei sehr süße Kinder. Meine Mutter hat sie oft besucht, als das noch möglich war. Doch dann emigrierte sie, als die Nazis kamen. Der Großvater blieb. 1943 wurde die Familie vor aller Augen aus ihrer Wohnung in Berlin-Charlottenburg gezerrt, auch die zwei Kinder. Das Datum ihrer Deportation, die Ankunft in Auschwitz und ihr Tod sind auf einer Liste akribisch vermerkt. Die diensteifrigen Ingenieure von Topf & Söhne aus Erfurt taten am Ende das Ihrige dazu.

Das Grundgesetz schätzen und schützen

19. Mai 2019

Wer heute Studien liest oder sich Zahlen zu Rechtsextremismus ansieht, wer hört, dass Straftaten im Bereich Antisemitismus um fast 20 Prozent gestiegen sind, wer sich das rechte Dauergerede über das Versagen von „Eliten“ anhört, kann den Eindruck gewinnen, dass es nicht gut um die demokratischen Grundwerte aussieht. Ich teile diesen Eindruck nicht. Deutschland hat trotz aller Herausforderungen durch Rechtsextreme, trotz großer Fehler bei der Gestaltung der Einwanderung, trotz mangelnden Mutes für die wirklich großen Debatten unserer Zeit einen guten Job gemacht. Der Rechtsstaat funktioniert. Und die Bürgergesellschaft passt auf, dass es auch so bleibt.

Dieses Grundgesetz, das am 23. Mai 70 Jahre alt wird, ist in einer Zeit entstanden, in der es eines großen Optimismus bedurfte, sich vorzustellen, wie dieses zerstörte Land zu einer Demokratie heranwachsen könnte. Seine Mütter und Väter wollten unbedingt die größtmögliche Negation des Nationalsozialismus in eine gesetzliche, unveränderbare Norm gießen. Das Grundgesetz gilt nun in guten wie in schlechten Zeiten der Demokratie. Vor 20 Jahren war ich bei einer großen Feier, die damals Hildegard Hamm-Brücher organisiert und zu der sie alle eingeladen hatte, die das Grundgesetz als zivilisatorische Errungenschaft in Deutschland hervorheben wollten. Als Ostdeutsche, die Ritualen misstraute, war ich überrascht und beeindruckt von der Leidenschaft, mit der alle Beteiligten dieses Grundgesetz feierten.

Dieses Jahr jähren sich gleich zwei große Jubiläen: 70 Jahre Grundgesetz und 30 Jahre Friedliche Revolution. Rechtspopulisten und so manche schwächelnden Vertreter aus Politik und Medien tun gerade so, als wären Teile des Grundgesetzes verhandelbar. Einige Ostdeutsche rufen heute, dies sei gar nicht ihr Grundgesetz. Ja, eine gemeinsame Verfassung zur Vereinigung, die Sinn und Ethos des Grundgesetzes weitergetragen und sogar verbessert hätte, wäre ein wichtiges Signal für alle Bürger gewesen. Dass dies nicht geschah, gehört zu den vielen Fehlern, die bei der Vereinigung gemacht wurden.

Die Feier damals war eben nicht nur ein Ritual, sondern das Fazit eines Kampfes. Die alte Bundesrepublik bekam die Verfassung einst unter dem Schutz der Alliierten geschenkt. Das Grundgesetz danach Stück für Stück mit Leben zu füllen, erforderte harte Auseinandersetzungen. Jeder einzelne Fortschritt in der Nachkriegsrepublik musste gegen den Widerstand des alten, unseligen Erbes des Nationalsozialismus erstritten werden. Jedes Zipfelchen der Überwindung dieses Erbes musste herausgerissen werden aus der Verkrampfung und Vergiftung, von denen dieses Land durchzogen war. Heute verstehe ich, weshalb die Leidenschaft der Feiernden so groß war. Sie wussten, was es sie an Anstrengungen gekostet hatte.

So wie der alten Bundesrepublik durch die Alliierten dieses Grundgesetz als Startschuss geschenkt worden war, so erhielten es die Bürger der DDR durch die Vereinigung. Keine vollkommen neue gemeinsame Verfassung, aber immerhin ein sehr gutes Grundgesetz. Viele der Kämpfe um Gleichwertigkeit müssen noch oder wieder ausgefochten werden. Im Osten wie im Westen. Wir sind gerade mittendrin. Dann kann die gesamte Gesellschaft dieses großartige Grundgesetz neu schätzen und schützen lernen. Als Einwanderungsgesellschaft und als Ost-West-Gesellschaft.

Die Geschichten der Ermordeten und der Geretteten

15. Juni 2019

Die Hänge rund um das zentrale Gebäude von Yad Vashem sind ziemlich steil. Das liegt daran, dass auch dieser Hügel in Jerusalem felsigen Grund hat. Will ein Besucher der Gedenkstätte für die Opfer der Shoa nicht nur die Ausstellung sehen, sondern auch das Gelände, braucht er gute Schuhe. Ich war vor kurzem wieder dort. Eine Freundin, die noch nie Israel besucht hatte, wollte die Gedenkstätte sehen. Sie ging allein hinein, denn ich konnte die Eindrücke nicht ein weiteres Mal ertragen. Sie sind mit blutiger Gewalt, mit einer tiefen Panik, die nur den Tod bedeuten kann, in meine Erinnerung eingemeißelt. Auch mein Großvater musste diesen Weg gehen, bevor er das Gas einatmete. Seine kleinen Kinder. Seine Frau. Und nicht nur er hatte diesen Weg zu gehen. Es traf viele in der Familie. An solchen Orten habe ich oft Mühe, mir nicht vorzustellen, wie es klang, wie es roch, wie es sich anfühlte und was am Ende geschah. Deshalb blieb ich dieses Mal draußen.

Vor einigen Tagen heulten in ganz Israel für zwei Minuten die Sirenen. Am Gedenktag für die Opfer der Shoa, und egal, wo die Menschen gerade sind und was sie tun, sie bleiben stehen. Auf den Straßen und Autobahnen stoppt der Verkehr. Die Menschen steigen aus den Autos, senken den Kopf und gedenken der Toten. Diese zwei Minuten bedeuten mehr als ein Gedanke, eine Erinnerung. Sie sind ein realer Augenblick der Trauer. Jedes Jahr an Jom haShoa wünsche ich mir dieses Ritual in Deutschland. Zu Ehren der ermordeten Nachbarn, zur Erinnerung an die Juden und all die anderen, die von Deutschen ermordet wurden. Vielleicht bräuchte es dann weniger Antisemitismusbeauftragte.

Meine Schuhe taugten für das steinige Gelände in Yad Vashem, und ich begann, auf den abschüssigen Hügeln einen bestimmten Baum zu suchen. Dieser Baum wurde im Andenken an die Familie

Hagemann in Havelberg gepflanzt, die meinen anderen Großvater und seine Familie gerettet hatte. Für die Hagemanns, fromme Katholiken, war es eine Selbstverständlichkeit, meinem Großvater, seiner Frau und deren Tochter zu helfen. Sie nahmen sie bei sich auf, aller Gefahr zum Trotz. Alle Familienmitglieder schützten sie. Das Ehepaar, ihre Geschwister und die sechs Kinder. Niemand hat sie verraten. Bis zum Ende des Krieges.

Gerade wird Israel von der Hamas mit Hunderten Raketen beschossen. Die Schulen und Unis sind geschlossen. Ein Teil meiner Familie lebt im Süden Israels. Wenn die Sirenen heulen, haben alle genau 90 Sekunden Zeit, um den Schutzraum aufzusuchen. Die kleine Tochter wollte sich gerade in der Dusche die Haare waschen und musste mit Schaum auf dem Kopf in den Bunker. Israels Existenzrecht heute zu bestreiten, es einseitig für alles und jedes zu beschuldigen, die lange Tradition seiner Dämonisierung fortzusetzen, die es schon gab, als die Ministerpräsidenten noch nicht Netanjahu oder Sharon hießen, sondern Barak, Perez oder Meir, ist schäbig und antisemitisch.

Als meine Freundin aus der Ausstellung kam, hatte ich den Baum nicht gefunden, aber den Namen der Familie Hagemann. Er stand eingemeißelt auf einer Tafel für alle Retter jüdischen Lebens. Gäbe es nicht auch diesen Teil der Erinnerungen, bliebe keine Hoffnung. Alle Deutschen können sich heute frei entscheiden – auch am Beispiel Israel –, ob sie für die Geschichte der mit kaltem Blut Ermordeten stehen oder für die der Geretteten, dem Mainstream zum Trotz.

Kann es eine Einheit im Widerstand geben?

15. August 2019

Als ich nach der Wende aus der Enge der DDR heraustreten durfte, traf ich die inzwischen verstorbene Hildegard Hamm-Brücher. Sie, die Liberale aus dem Westen, hatte die Widerstandsgruppe Weiße Rose unterstützt, und so konnte ich, die Frau aus dem Osten, mit ihr auch über meinen Vater sprechen, der im bewaffneten kommunistischen Widerstand gekämpft hatte. Ich sagte ihr, dass die deutsche Einheit für mich dann glaubhaft vollzogen sei, wenn auch die Geschichten des Widerstandes vereint werden. Dieser Gedanke beschäftigte mich sehr in den letzten Tagen. Mit viel Pomp ist der Attentäter des 20. Juli gedacht worden. In einigen Kommentaren hieß es dazu, man wisse ja, Stauffenberg und seine Mitverschwörer seien nicht gerade Demokraten gewesen und hätten sich auch antisemitisch geäußert. Doch dies sei nun einmal die Zeit gewesen, und man brauche Symbole des Widerstands gegen das Regime. Die Männer des 20. Juli müssten differenziert gewürdigt werden. Ihre Taten seien ein Beispiel für guten Patriotismus.

Mein Vater war ein jüdischer Widerstandskämpfer. Er erzählte mir von der Erleichterung, die es für ihn bedeutet hatte, im Spanischen Bürgerkrieg, hinter einem winzigen Erdhügel verschanzt, auf die angreifenden deutschen Flugzeuge zu schießen. Er sagte mir, wie wichtig es für ihn war, beim französischen Maquis im Untergrund, gegen die deutschen Besatzer zu kämpfen. Als Capitaine nahm er an der Befreiung von Paris teil. Seine Heldengeschichten hatten nichts Heldisches. Seine Geschichten und die der vielen jüdischen, kommunistischen, sozialdemokratischen Widerstandskämpfer sind 30 Jahre nach der Einheit in der deutschen Narration von Patriotismus nicht präsent. Das ist bitter.

Vielleicht ist es ja genau das. Patriotismus oder Nationalismus waren nicht deren erstes Motiv, sondern Widerstand gegen das Morden und gegen den Vernichtungskrieg. Vielleicht aber war es einfach „nur" Anstand. Gilt heute der Widerstand ohne diesen vom nationalen Pathos getragenen Patriotismus nicht? Der unselige, noch immer braun gefärbte Zeitgeist des westlichen Nachkriegsdeutschlands tat sich schwer damit, Widerstand überhaupt zu ehren. Und wenn, dann möglichst Männer, deren Distanz zum Regime nur partiell war. So wie die Attentäter vom 20. Juli, denen nicht der Vernichtungskrieg und Judenmord Grund genug war, sondern das vorhersehbare Versagen von Hitlers Kriegsführung. Und selbst sie galten bis in die 80er Jahre als Vaterlandsverräter.

Und was ist mit den anderen, die wenigstens teilweise in der DDR gefeiert wurden? Sind Kommunisten, Sozialdemokraten, Juden nicht auch Deutsche? War ihr Ziel, die Befreiung, nicht ein Akt der Menschlichkeit und eines humanistischen Patriotismus? Muss nicht auch dieser Widerstand „differenziert" gesehen werden? Sogar der kommunistische? Ist nicht die Befreiung letztlich nur gelungen, weil unzählige junge Menschen in den alliierten Armeen gegen den verbrecherischen deutschen Nationalismus kämpften und ihr Leben gaben? Nein, die Deutschen haben es von allein nicht geschafft, sich zu befreien. Ich wünschte, ich könnte zusammen mit Hildegard Hamm-Brücher eine weiße Rose niederlegen. Dafür würde ich zum Bendlerblock mitgehen, wenn zugleich Widerstandskämpfer wie mein Vater geehrt würden – auf dem jüdischen Friedhof in Weißensee. Die Einheit des Gedenkens an den Widerstand scheint mir aber so weit entfernt wie noch nie.

Über die Wahlstimmung auf dem Lande

15. September 2019

Das Leben im nördlichen Brandenburg geht seinen gemächlichen Gang. Es hat zu wenig geregnet, sagen die Leute. Und die Wiesen sind ganz gelb. In den Dörfern haben viele jetzt Mähtraktoren, da sieht es besser aus. Kurz mal drüber und etwas Wasser aus der Regentonne, das geht schon. Der Wahlkampf ist in vollem Gange. Auch im dünn besiedelten Norden. Viele Wahlkampfveranstaltungen gibt es hier noch nicht. Noch hat es Zeit.

Neulich traf ich Frau Mehlow. Sie gehörte zu den wenigen, die nicht nur das offizielle Sommerdorffest, sondern auch die alte Gärtnerei besuchten. Dort erfreuen sich Zugezogene, meist Berliner, an Öko-Eis und japanischem Kuchen. Frau Mehlow war die Frau des Bäckers im Dorf. In den 1980er Jahren habe ich mal in der Bäckerei geholfen. Um 3 Uhr früh ging es los, um 7 Uhr gab's Frühstück mit frischen Schrippen. Die Bäckerei existiert schon lange nicht mehr. Und Frau Mehlow ist jetzt Rentnerin. Wir begrüßten uns herzlich. Ihre Tochter lebt im Westen und ist Zugführerin im Nahverkehr. In Hamburg, sagte Frau Mehlow stolz. Für sie selbst wäre das nichts. Zu viele Menschen, zu viele Autos und echt viel zu viele Ausländer. Ihre Tochter findet das toll.

Plakate, sehr viele, in unterschiedlichen Größen und Farben hängen in der Stadt nebenan. Sie verschwimmen im Vorbeifahren. An den Laternenmasten werben nicht nur Parteien. Blau, Rot, Rosa, Weiß, kleine und große Schrift – die Kreativität der Grafiker in Deutschland zeugt nicht von Einfallsreichtum. Hier Porträts von Politikern mit einer Unterzeile. Da die Ankündigung eines Auftritts von Ingo Appelt. Oder beides zusammen: Appelt direkt unter dem Bild eines Kandidaten der Freien Wähler.

Die „Highländer im Hansapark" begrüßen über die Straße das Bild einer Frau vor dem riesigen Schriftzug „HEIMAT". „EIN Brandenburg" steht da. Das Logo der SPD ist winzig. Eine Ecke weiter strahlt der Kandidat der CDU. Ein stolzes Landei, wie er selbst sagt. Die einzigen grafisch logischen und klaren Plakate kommen von den Grünen. Die Linkspartei schwimmt in Pastellfarben mit Wörtern wie Wut, ABC, Biene, Arzt und so. Sie rauschen am Betrachter vorbei und hinterlassen ein melancholisches Gefühl. Anders sieht die Ankündigung „Räumungsverkauf" beim Baumarkt aus. Hammermäßig. Sie ähnelt dem Plakat der FDP: knallige Farben und eine für die ländliche Region wichtige Botschaft: „Bildung for Future". Statt Schulschwänzen an Freitagen, vermute ich. Eine Ecke weiter paart sich die Rockabilly-Night mit „Hol dir dein Land zurück" von der AfD, Tanz in den Sommer mit „Vollende die Wende". Das AfD-Blau ist beliebt. „Machen Sie einfach BLAU!", steht auf einem großen Aufsteller mit zwei für die AfD ungewöhnlich sympathischen Menschen. Es ist eine Werbung für Uckerstrom. Das beste Blau aber kommt mit Rot. „Sozial, ohne rot zu werden", sagt der AfD-Kandidat auf einem Foto. Direkt gegenüber antwortet das Bild eines Mannes mit irritiertem Blick in ebenfalls AfD-blauen Lettern: „Brennt's im Schritt?" Dann „lassen Sie sich auf sexuell übertragbare Infektionen testen".

Frau Mehlow gab mir zum Abschied die Hand. Wir beide haben uns sehr gefreut, einander zu treffen. „Keine Sorge", sagte sie mir noch im Gehen, „ich wähle auf keinen Fall AfD, die sind mir echt zu ...", sie suchte nach einem passenden Wort, „zu versaut". Ich musste sehr lachen.

Wie Eiswasser im Gesicht

14. Oktober 2019

Ich war weit weg, an der Pazifikküste. Am Vorabend von Jom Kippur hatte ich mir allein das Gebet Kol Nidre angehört. Es war das erste Mal seit Jahren, dass ich die Feiertage nicht in meiner Synagoge in Berlin verbringen konnte oder in irgendeiner anderen Synagoge. Hier gab es keine. Deshalb hörte ich mir allein auf meinem Handy die schöne Stimme der Kantorin Mimi Sheffer an. Sie sang das Kol Nidre, ein ernstes und anrührendes Gebet. Es geht darin um persönliche und allgemeingültige Versprechen, um Verantwortung, Aufrichtigkeit, um das Leben und den Tod. Das Kol Nidre ist existenziell.

In der Nacht brummte mein Handy einige Male. Gerade genug, um es wahrzunehmen, nicht genug, um richtig aufzuwachen. Irgendwann wurde ich wach und las die Nachrichten aus Halle, über das Attentat, die eingeschlossenen Menschen, die Toten. Ich lief im Zimmer auf und ab, fluchte und lehnte die Wange ans Fenster, als ob das die Furcht aufhalten könnte, die in mir hochkroch. Dabei kenne ich doch die Rechtsextremisten seit Jahrzehnten, ihre Drohungen waren nie nur leere Worte. Ich laufe ja auch mit einem Fadenkreuz auf der Stirn herum, doch das ängstigt mich eher nicht. Es gehört zum Job, zu meiner Entscheidung dafür. Selbstverständlich weiß ich viel über den Rechtsterrorismus und wer von denen wo und wie aktiv ist und nehme es kühl. Diesmal nicht.

Ich lief zum menschenleeren Strand. Das Entsetzen der Angehörigen der Opfer über die Todesnachricht, die Angst der Angegriffenen in der Synagoge stieg mir in die Augenwinkel. Ich setzte mich irgendwo hin und begann zu weinen. Es war nicht nur Schreck und Trauer, sondern noch etwas anderes. Dieser ewige Antisemitismus, von Generation zu Generation, von Trauma zu Trauma, er beißt wie Eiswasser im Gesicht, er macht, dass viele Juden sich in solchen Momenten fühlen, als würde ihnen der Boden unter den

Füßen weggerissen. Die alten Ängste, nach Luft schnappen, sich fassungslos umsehen. Was passiert hier gerade? Wieder ein Einzelfall?

Man kann sich daran gewöhnen, aber muss man das? Es sind nicht nur die Täter, die solchen Schmerz verursachen. Es ist das Ausmaß an Hass und Irrationalität und die verletzende Gleichgültigkeit eines beistehenden Publikums. Und es sind die zu erwartenden öffentlichen Reaktionen, die ohne politischen Willen nur warme Worte in die Kälte blasen. An den Tagen danach bekam ich Nachrichten, tröstende, wütende – und schickte genau solche an andere. Und nur wenig später wurde klar, dass diese Nazis und ihre Salonfreunde die Sache aggressiv umdrehten. Eine Flut von ungeheuerlichen Relativierungen begann sich in den sozialen Netzwerken auszubreiten, Verschwörungstheorien überall. Schuldumkehr, die Juden waren es selbst. Irgendwie. Oder diejenigen, die seit Jahren für demokratische Kultur arbeiten. Sie hätten das inszeniert, damit sie Geld, Geld, Geld kriegen. Die Vogelschisspartei erklärte sich zum größten Freund der Juden und bekam für diesen Blödsinn viel Raum in den öffentlich-rechtlichen Medien. Und irgendwelche islamistischen Gruppierungen wussten nicht, ob sie über den Anschlag jubeln oder sich nicht gleich selbst zu Juden erklären sollten.

Mich berührt die Anteilnahme von so vielen Menschen überall im Land. Sie sind die Hoffnung. Alles andere ist zum Heulen.

2020

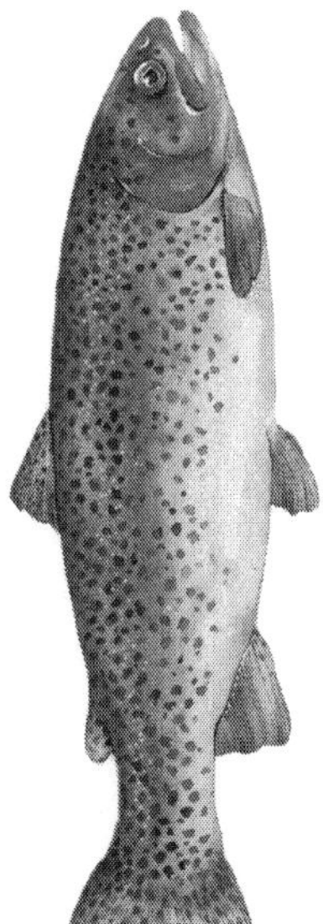

Was Soap und Soziale Arbeit gemeinsam haben

13. Januar 2020

Wir treffen uns seit fast 20 Jahren regelmäßig bei Dada Falafel, unserem Lieblingsaraber in Berlin-Mitte. Meine Freundin Heike Radvan wärmt ihre Hände am Teeglas und lächelt, wenn ich sie frage, was so passiert ist. Ihr bescheidenes, feines Lächeln hat viele Facetten, mal traurig, mal empört, mal herzlich froh.

Und es passiert vieles in ihrem Leben. Manche Menschen sind mit einem untrüglichen Sensorium für Abwertungen ausgestattet. Heike Radvan sieht, wenn andere respektlos behandelt oder beschämt werden. Deswegen hat sie Sozialpädagogik studiert, und deswegen versucht sie, den Respekt im Umgang miteinander herzustellen. Inzwischen ist sie Professorin für Soziale Arbeit an der Brandenburgisch-Technischen Universität in Cottbus.

Ein Lächeln, das ich besonders schätze, ist, wenn sie einen dicken Klops ankündigt. Klöpse sind in unserer Sprache Dinge, die Leute tun und mit denen sie gegen jede Regel des Respekts verstoßen. Wenn zum Beispiel bei einem Vortrag aus dem Publikum rassistische Sprüche kommen und der Moderator damit kein Problem hat. Oder wenn Studentinnen belästigt werden und das für normal gehalten wird; oder wenn in der Stadt Bürgerdialoge abgehalten werden und mit allen, einschließlich der Rechtsextremen, gesprochen wird, nur Geflüchtete oder andere nicht-deutsch Aussehende außen vor zu bleiben haben.

Heike Radvans Lächeln ist etwas düster, sobald sie solche Geschichten zu erzählen beginnt. In den vielen Jahren, in denen wir solche Geschichten miteinander teilen, haben wir gelernt, wie wir sie ertragen können. Zu Nana-Tee und Tabouleh machen wir daraus eine Soap. Wir stellen uns vor, das wäre Teil einer ironischen Comedy-Serie, die das Publikum zum Lachen bringt. Eine Karikatur der Realität, eine überzogene Wirklichkeit, eine maßlose Übertreibung mit Pointen.

Wie sollte man nicht lachen, wenn ausgerechnet ein rechtsradikaler Heimatverein eingeladen wird, um in der Stadtgesellschaft über Demokratie zu diskutieren? Oder wenn Verantwortliche der Stadt aufmerksam, vielleicht sogar nickend zuhören, wenn die Völkisch-Autoritären öffentlich mit Verschwörungstheorien um sich schlagen? Das können wir doch nur aushalten, wenn wir es uns als Soap vorstellen.

Und das dient auch dazu, die Koordinaten einer Kultur wiederzufinden, die der Demokratie angemessen ist. Auf amüsante Weise entstehen in unseren Gesprächen wirklich gute Ideen für Soziale Arbeit in dieser schwierigen Zeit. Heike Radvan hat nicht nur über lange Zeit durchgehalten, sie konnte auch die Theorie der Sozialen Arbeit weiterentwickeln.

Sie hat zu Antisemitismus bei Sozialpädagogen, zu Rechtsextremismus, zur Rolle von Frauen und zu Fragen des Umgangs mit Nazifamilien geschrieben und denkt über ethische und politische Probleme in der Lehre nach. Eigentlich, so findet sie, sollte es selbstverständlich sein, die gesellschaftliche Perspektive der Minderheiten im Blick zu haben. Weil es aber meist nicht so ist, haben wir die Soaps. Sie bringen Witz, Kreativität und Optimismus in ihren schwierigen Alltag.

Heike Radvan lächelte ungläubig, als sie unter großem Beifall den renommierten Alice Salomon Award bekommen hat. Ich gratuliere von Herzen!

Mordphantasien sind potentielle Ankündigungen

26. Juli 2020

Er wollte ein Blutbad in der Synagoge von Halle anrichten, dieser kleine Nazi und Wichtigtuer. Er wollte von der globalen Szene bewundert werden für die Zahl der Toten, die er zu erschießen entschlossen war. Er wollte Juden umbringen, die zählen doppelt, weil sie an der Spitze des Bösen in der Welt stehen. Er wollte so berühmt und gefeiert werden wie der Mörder von Christchurch in Neuseeland, der 51 Muslime ermordet hat. Aber Mist, das mit der Synagoge in Halle hat nicht geklappt. Der Nazi kam nicht rein. Die Tür war zu. Damit überhaupt eine Nachricht aus seiner Aktion wird, hat er zwei beliebige Menschen erschossen.

Jetzt steht er vor Gericht, und da hat er nun ein Publikum. Kläger, Nebenkläger, Staatsanwaltschaft, Gericht und viele Zuschauer nehmen ernst, was er getan hat. Und er, der kleine Versager, sitzt da und grinst. Er redet stundenlang seine Nazisprüche rauf und runter, nur unterbrochen von den Fragen der Richterin. Noch erschreckt ihn der Prozess nicht, nicht die Konsequenzen, falls er schuldig gesprochen wird. Noch sieht er sich auf der Bühne, auf der er seinem Versagen im Leben im Nachhinein noch einen Sinn abringen will.

Deutschland bekommt den Rechtsterrorismus nicht in den Griff. Nicht mit dem permanenten Täterverständnis, wenn es um Rechtsextremismus geht. Oder damit, solche Täter wie den von Halle nicht schon ernst zu nehmen, wenn sie durch exzessive Hasssprüche auffallen. Jede der ins Netz gestellten Vernichtungs- und Mordphantasien ist eine potentielle Ankündigung. Die Behörden müssen sich die Mühe machen, die Netzwerke, die Eskalation des Hasses und die Bedrohungslage besser zu analysieren. Sonst wird das nichts damit, Rechtsterrorismus zu bekämpfen.

Ein persönliches Bespiel: Jeden einzelnen Tag liegen in meinem Postfach antisemitische Mails. Manche gehen auch an einen größeren Verteiler. Die Verfasser wollen alle Adressaten wissen lassen, wie widerlich sie die Juden finden. Etliche Mails beklagen, dass Deutschland zur Judenrepublik geworden sei. Angela Merkel sei Jüdin, der Zentralrat der Juden bestimme, wo es langgehe, und die Juden-Stasi schaffe die Meinungsfreiheit ab. Damit bin ich gemeint. Persönlicher wird es, wenn die Mails direkt an mich gerichtet sind. Juden wie ich, so heißt es, wollen die Umvolkung vorantreiben und täten das auch nur aus Geldgier. Der Tag X würde dann mein letzter sein. Die Mail mit der Unterschrift NSU 2.0 mit antisemitischer Mordankündigung fehlt natürlich auch nicht. Das geht schon seit Jahren so. Und bleibt für die Täter folgenlos.

Die Netzwerke von Rechtsextremisten sind dicht gewebt. Nur wenn die Behörden verstehen, wie sie ineinandergreifen, kann man dagegen etwas tun. Im Moment sind wir noch weit davon entfernt. Noch begnügt man sich, von Einzelfällen zu sprechen. Hier ein Versager, da ein „echter" Nazi, hier ein paar Spinner, die lustige Verschwörungstheorien basteln. Allen gemein ist ihr Rassismus und die Vorstellung, dass die Juden den großen, bösen Plan haben.

Wenn Halle und Hanau sich nicht wiederholen sollen, wird es Zeit, nicht mehr die Augen davor zu verschließen, wie weit diese Netze gespannt sind, die langsam die Gesellschaft und die Behörden zu durchziehen drohen. Sonst rühmt sich bald der nächste Nazi mit einem Blutbad. Er arbeitet garantiert schon daran.

Allein auf weißer Flur

30. Juli 2020

Gestern habe ich lange mit meiner Freundin telefoniert. Bestimmt zwei Stunden. Was man so redet auf Distanz: Gesundheit, Familie, Stress aller Art. Wir sprachen über die Ruhe während des Lockdowns, das Vogelzwitschern und darüber, wie sich Zeit in diesen Zeiten anfühlt.

Eigentlich wollten wir das Thema Rassismus vermeiden, denn dann lärmt es im Kopf und im Herzen. Rassismus in Deutschland ist für uns kein Nebengeräusch, kein Rauschen, sondern ein Dröhnen der Ohnmacht. Es klingt wie der schrille Ton von Unrecht, es hört sich an wie ein Sirenenlärm der Gewalt. Sie ist Schwarz, ich bin Jüdin, wir hören das jeden einzelnen Tag.

In den letzten Wochen hatte sich die Tür, hinter der die Realität des Rassismus liegt, einen winzigen Spalt geöffnet. Ein großer Teil der Bevölkerung ist inzwischen davon betroffen, denn, ob man nun will oder nicht, Deutschland ist schon lange nicht mehr nur weiß.

Trotzdem wird meine Freundin öfter von der Polizei kontrolliert, öfter in Geschäften ignoriert, öfter auf Behörden hinterfragt, anmaßend und immer wieder zu Erklärungen genötigt, als Menschen wie ich, die ihre Geschichte nicht auf der Haut tragen. Neulich überquerten wir eine schmale, verkehrsberuhigte Straße, und ein Auto näherte sich langsam. Als der Fahrer meine Freundin sah, grinste er und trat aufs Pedal. Er verfehlte uns nur knapp.

Nur einen Türschlitz weit öffnete sich der Blick in den Alltag von Millionen Menschen in Deutschland. Er dauerte nur kurz. Nach den Demos gegen Rassismus auch in der deutschen Polizei knallte diese Tür wie mit einem Windschlag wieder zu. Und als ob das nicht genug wäre, wehte er die Gegenoffensive herbei. Hengameh Yaghoobifarah hatte eine Kolumne geschrieben, bei der auch das Verhalten der Polizei karikiert wurde. Wegen dieser Kolumne erhielt Hengameh Yaghoobifarah tagelang wüste Bedrohungen. Der

Bundesinnenminister persönlich wollte Anzeige wegen Volksverhetzung erstatten. Und das für eine Aussage, die absichtsvoll satirisch verzerrt worden war.

Selbstverständlich sollte eine Person, die Hengameh Yaghoobifarah heißt, auch ein Recht auf die Empörung haben, die sie veranlasst hatte, den Artikel zu schreiben. Aber ebenso hat sie ein Recht auf Gleichbehandlung. Die Unverhältnismäßigkeit der Reaktion auf die Kolumne ist erschreckend. Darf sich diese junge deutsche Person mit iranischem Namen etwa keine Satire über die Institution Polizei leisten, die leider noch immer viel zu oft rassistisch handelt? Weshalb wird sie anders behandelt als andere Satiriker? Ist das hier etwa die Quittung dafür, dass einige Tage zuvor, zwar nur einen Türschlitz weit, aber doch etwas genauer über Rassismus in Deutschland gesprochen wurde?

Die Verzweiflung darüber, wie sehr Rassismus hingenommen und ignoriert wird, kann einem ganz schön zusetzen. Und wenn das über Jahre geschieht, das ganze Leben hindurch, macht das etwas mit den Menschen. Meine Freundin sagt mir immer, sie hätte es sich zur Regel gemacht, nur eine von zehn Portionen Rassismuslärm pro Tag bis in ihre Seele vorzulassen, weil sie sonst vielleicht „unhöflich" werden würde. Oder anders gesagt, weil sie andernfalls den Spagat zwischen der Welt vor und der hinter dem Türspalt nicht aushalten könnte. Ob ihr das gelinge, fragte ich sie am Schluss. Na ja, sagt sie mir, ich muss.

Sonst bin ich ganz allein auf weißer Flur.

Die nachholende Revolution muss nachgeholt werden

5. Oktober 2020

Nach den aufregenden Umbrüchen in der DDR, dem Fall der Mauer und schließlich der deutschen Einheit vor 30 Jahren bezeichnete Jürgen Habermas die Ereignisse in Ostdeutschland als „nachholende Revolution". Gemessen hat er dies an Werten des Grundgesetzes und der Idee der offenen Gesellschaft. Wenn ich seine Analyse heute lese, kommt sie mir utopisch vor und an der Realität von damals vorbei. Sie kam zu früh. Zu viele Orte Ostdeutschlands verharren in autoritären Sehnsüchten und Kleinstädterei. Die Abwehr von Konflikten beherrscht noch immer die Kultur der Auseinandersetzungen – ganz besonders, wenn es um Rechtsextremismus geht. Völkische Gesinnung, Rassismus und Antisemitismus besetzen die Normalität, ihre Opfer spielen keine Rolle. Wenn heute diese Bestandsaufnahme aus Rücksicht auf die lautstarke Schuldabwehr aus Ostdeutschland zurückgehalten wird, ist das die größte aller möglichen Beleidigungen für die Ostdeutschen. Denn sie sind keine verzogenen Kinder, die Offenheit nicht vertragen können. Jedenfalls sollten sie es nicht sein.

Und die Westdeutschen sollten sich nicht als Eltern aufspielen oder als bösartige Verwandtschaft, die sich über die missratene Brut aufregt. Das wäre ebenso hochmütig wie selbstgerecht. Die Probleme, sich mit dem Erbe der DDR und des Nationalsozialismus auseinanderzusetzen, müssen die Ostdeutschen allein lösen. Es gibt eine gemeinsame Erklärung der frei gewählten Volkskammer vom April 1990, die ich mir immer als Grundlage für eine Kultur der nachholenden Revolution vorgestellt habe. Und jedes Mal, wenn ich sie lese, berührt sie mich. An die Chancen dieser Zeit zurückzudenken, ist auch schmerzhaft.

Die Erklärung beginnt so: „Wir, die ersten frei gewählten Parlamentarier der DDR, bekennen uns zur Verantwortung der Deutschen in der DDR für ihre Geschichte und ihre Zukunft und erklären einmütig vor der Weltöffentlichkeit: Durch Deutsche ist während der Zeit des Nationalsozialismus den Völkern der Welt unermessliches Leid zugefügt worden. Nationalismus und Rassenwahn führten zum Völkermord, insbesondere an den Juden aus allen europäischen Ländern, an den Völkern der Sowjetunion, am polnischen Volk und am Volk der Sinti und Roma." Für mich war genau dies das Erbe der DDR-Opposition, der Geist einer Befreiung von der Verdrängung und Verlogenheit der DDR. So hätte die nachholende Revolution aussehen können. Das hätte am Anfang stehen sollen, auf Plakaten, das wäre der Neubeginn gewesen. Doch die Erinnerung an diese Erklärung ist erloschen, sie wurde verdrängt, auch vom Westen, und nur angehängt an die Apokryphen des Einheitsprotokolls.

Jetzt ändert sich das. Was für die Bundesrepublik mit der 68er-Bewegung begann und die Auseinandersetzung mit dem Erbe des Nationalsozialismus vorangetrieben hat, ist in Ostdeutschland heute der Kampf gegen Gleichgültigkeit gegenüber den Opfern von Rassismus und Rechtsextremismus. Es ist der Kampf für die Konflikte der offenen Gesellschaft, für Demokratie und für die Ideen des Grundgesetzes, und zwar nicht nur, wenn sie einem gerade passen. Sehr viele Ostdeutsche kämpfen jeden Tag sehr hart und gegen große Widerstände dafür. Sie holen heute endlich die nachholende Revolution nach. Und darüber bin ich sehr froh. Denn dies kommt keinen Tag zu früh.

Wir hatten vor der Tür zu bleiben

29. November 2020

Die junge Frau konnte es nicht fassen. Hinter der Tür zur Intensivstation lag ihr Verlobter im Koma. Sie war hochschwanger und wollte nur wissen, ob er durchkommen würde. Mit ihr standen einige seiner Freunde vor dieser Tür und warteten auf Nachrichten von den Ärzten. Amadeu Antonio, ein junger, ambitionierter Angolaner, war nach einem Diskobesuch von bekannten Neonazis in der Nacht zum 25. November 1990 gejagt, umzingelt und geprügelt worden. Ungehemmt und mit der Absicht, ihn zu töten.

Die Einzelheiten dazu mag ich mir nicht vorstellen. Nicht die Todesangst von Amadeu, nicht seine Schreie, nicht die unterlassene Hilfeleistung der Polizei. Im Krankenhaus vor der Tür zu warten, war das Einzige, was seine Freunde und seine Frau für ihn tun konnten. Nur die Familie dürfe zu ihm, hieß es. Die Familie aber lebte in Angola. Geboren wurde Amadeu am 12. August 1962 als ältestes von zwölf Geschwistern in der Stadt Quimbele der Provinz Uíge. Amadeus Familie in Eberswalde waren seine Freunde und die Verlobte.

Als er 1987 in die DDR gekommen war, hatte Amadeu Hoffnungen, er hatte bereits eine gute Schulausbildung und viel Berufserfahrung. Eigentlich wollte er sich hier seinen Traum erfüllen und Flugzeugtechnik studieren. Doch es kam anders: Das alles nutzte ihm nichts, er wurde in das Eberswalder Fleischkombinat geschickt. Dort arbeitete er mit anderen afrikanischen Kollegen im Drei-Schicht-System. Die Arbeitsbedingungen waren miserabel, die Arbeit anstrengend, schmutzig und denkbar schlecht bezahlt. Jedenfalls weit schlechter als die gleiche Arbeit der deutschen oder polnischen Arbeiter. Und in der Freizeit blieben für die Afrikaner in Eberswalde die Türen zu. Ein Freund von Amadeu hatte die DDR-Deutschen als kalt und unfreundlich beschrieben. Nach und nach verstanden auch Amadeu und die anderen, dass die Ablehnung besonders gegen sie gerichtet war. Völkerfreundschaft war das nicht. Sondern Rassismus.

Nach der Maueröffnung verwandelte sich die Feindseligkeit in offene Gewalt. Die Afrikaner in Eberswalde befanden sich in einem ständigen Alarmzustand wegen der Drohungen, der Angriffe und des Hasses, die ihnen begegneten. Ihre Angst war groß, und dennoch blieben einige dort. Andere hielten es nicht aus und gingen fort. Amadeu wollte bleiben, er machte Pläne mit seiner Freundin und freute sich auf das Baby. Und er wollte sich nicht von geschlossenen Türen aufhalten lassen. Deshalb besuchte er mit seinen Freunden auch manchmal die Disko oder eine Kneipe. An jenem Abend wusste die ganze Stadt, dass wieder mal Nazis durch Eberswalde marodierten. Die Afrikaner jedoch hatte niemand gewarnt. Sonst wäre Amadeu ganz sicher zu Hause geblieben.

Die schwangere Freundin konnte schließlich nach vielen Bitten doch noch durch die Tür zum Schwerverletzten gehen. Sie war die Einzige, die ihn noch gesehen hat. Mehr als zehn Tage lag er da. Er hat sein Bewusstsein nicht mehr wiedererlangt. Am 6. Dezember 1990 starb Amadeu.

Eberswalde hat sich verändert. Heute sind die Türen für die Afrikaner nicht mehr zu. Im Kulturzentrum „Amadeu Antonio" wird wegen Corona dieses Jahr die Gedenkfeier ausfallen. Doch an dem Ort, an dem der Mord geschah, werde ich wie der Bürgermeister und viele andere für Amadeu Blumen niederlegen.

2021

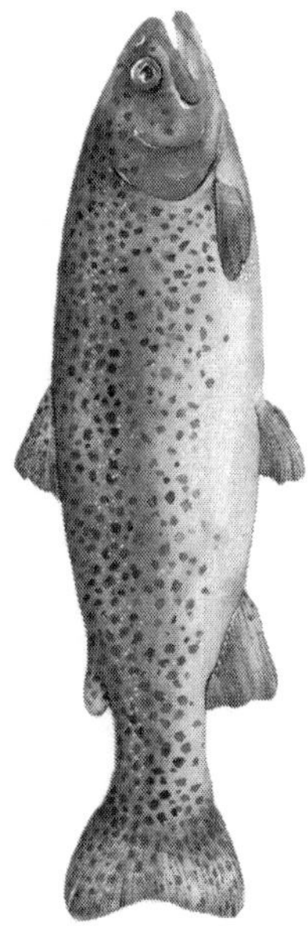

Talk and Spa in Atlanta

13. Juni 2021

Ein freudiges Ereignis in der Familie, das nun kurz bevorsteht, hat mich nach Atlanta in Georgia verschlagen. Ich war wohl schon mal hier, aber die Innenstadt hatte für mich kein wiedererkennbares Gesicht, weshalb ich mich nur dunkel erinnere. Nun aber wird die Stadt ein Teil der Familiengeschichte. Also schaue ich sie mir ganz anders an.

Meine Ferienwohnung liegt im Grünen, die Straße ist hügelig, die Häuschen zeugen von mittlerem Wohlstand. Der Bezirk ist ethnisch gemischt, hier wohnen Leute, die mittelgroße Autos fahren und mittelgute Jobs haben. Atlanta hat eine große Schwarze Mittelschicht und eine interessante und erfolgreiche Schwarze Unterhaltungsindustrie. In den riesigen Unternehmen der Stadt arbeiten die Menschen zusammen, Weiße, Afroamerikaner, Latinas, Juden und Jüdinnen, und dennoch ist das Stadtbild segregiert.

Ich komme gern in Städten an, die ich noch nicht kenne. Am besten geht das, wenn ich mit Menschen reden kann. Also machte ich einen Termin in einem Nagelstudio mit dem Namen „Nail Talk & Spa". Bei diesem Namen, dachte ich mir, wird das wohl ein Ort sein, wo Reden zum Programm gehört.

Die idyllische Straße runter, rechtsrum über die Hauptstraße – ein Weg von 15 Minuten. Der Eindruck von Mittelschicht änderte sich etwa drei Zentimeter nach dem Abbiegen. Auf der anderen Seite der Hauptstraße stehen ziemlich hässliche Betonhäuser zwischen Parkplätzen für Einkaufsketten und kleinere Geschäfte. Mein Spa war voll. Es gehört einer Vietnamesin, und fast alle Angestellten sind Asiatinnen. Ein ganz gewöhnlicher Laden, wie es ihn in Atlanta zu Hunderten gibt.

Es war genauso ein Geschäft wie das, vor dem einige Monate zuvor ein Rassist acht asiatische Frauen erschossen hatte. Ich erschrak bei der Vorstellung, wie eine friedliche Szene sich während der Kosmetik angeregt unterhaltender Menschen, wie die in meinem Spa, jäh durch einen Terrorakt wie den vom März zerrissen wird.

Der Täter, der Frauen hasst, weil er selbst keinen Sex hat, gehört zu streng christlichen „White Supremacists". Er hatte wohl auch die Hetze des ehemaligen Präsidenten Donald Trump gegen Asiaten als angeblich Schuldige an der Pandemie als Auftrag verstanden. Also zog er los und erschoss die Frauen vor dem Nagelstudio. Frauenhass und Rassismus – eine besonders widerliche wie häufige Mischung. Atlanta war wie gelähmt von dieser Tat.

Im Juni vergangenen Jahres war Rayshard Brooks, ein Afroamerikaner, von einem Polizisten erschossen worden, nur Wochen nach dem Tod von George Floyd. Die folgenden Unruhen waren heftig, Straßen wurden von Aktivisten blockiert, weitere Polizeigewalt folgte, ein Schnellrestaurant ging in Flammen auf.

Beides hat die Stadt geprägt, der feige Mordanschlag auf die Asiatinnen ist bis heute ein Thema. In meinem Nagelstudio hallten die vielen Stimmen wie eine Mischung aus Brummen und Zirpen. Ich unterhielt mich mit meiner vietnamesischen Nagelexpertin eine Weile über die Stadt, ihre Familie und mein bevorstehendes freudiges Familienereignis. Dann fragte ich sie, wie heute die Stimmung wegen des Anschlags sei. Sie blickte auf und nickte höflich. Sie habe noch immer Angst. Aber alle hier achteten aufeinander.

Dann sah sie mich an und meinte, ich solle mich doch lieber freuen, Familie sei doch so viel wichtiger als dieser Schmutz.

Recht hat sie!

Klimawandel aufhalten!

4. Oktober 2021

Vorab eine Meldung aus der Welt des Fußballs. Der Verein Tennis Borussia Berlin musste gerade sein Heimspiel absagen. Nun, ich bin kein großer Fußballfan, aber die Jungs mag ich sehr. Sie sind sehr engagiert, sie sind witzig und haben jede Menge Courage. Dass sie ihr Spiel absagen mussten, hängt mit der Pandemie zusammen. Und am Rande dann auch mit dem Klimawandel.

Ich glaube, die meisten Menschen wissen, dass die Sache mit dem Klimawandel wohl eine der dringendsten Aufgaben ist, die sich überall auf der Welt stellt – auch in Deutschland. Ohne dass der Klimawandel endlich ernst genommen wird, wird es eng mit dem Fortschritt. Die Zukunftsfähigkeit unserer Gesellschaft hängt davon ab. Und zwar in kurzer Zeit und nicht nur langfristig. Das weiß inzwischen wortwörtlich jedes Kind.

Gerade bin ich von einer langen Reise zurückgekehrt. Abstand öffnet ja mitunter die Augen. Seit Jahrzehnten arbeite ich gegen eine andere Art von Klimawandel. Schleichend verändert sich auch das Klima in der Gesellschaft.

Der Rechtsextremismus wirkt und vergiftet die gesellschaftliche Luft zum Atmen. Es ist wie in der Werbung mit dem Frosch, der in sich langsam erhitzendem Wasser sitzt und es nicht merkt, während ein anderer Frosch, den man später in das gleiche bereits erhitzte Wasser setzt, sofort in Panik rausspringt.

Offenbar bin ich so ein Frosch und es brauchte einige Wochen außerhalb Deutschlands, um zu merken, wie sehr sich das toxische Klima normalisiert hat.

In den Fußball-Regionalligen, also von der 4. Liga abwärts, gehört es an einigen Orten zum üblichen Ton, dass Nazilieder gegrölt, Hitlergrüße gezeigt, Auschwitzsprüche geschrien werden – jedenfalls von Anhängern von vielen Traditionsvereinen, von Dresden bis Cottbus.

Wie reagiert der zuständige Nordostdeutsche Fußballverband darauf? Gar nicht. Rassistische und antisemitische Ausfälle werden hier als Fankultur abgetan. Im Umfeld berüchtigter Vereine kommt es zu Gewalt, die mehr ist als nur der übliche Fanrausch mit Alkohol. So nach dem Motto, Tausende Fans brüllen Nazisprüche – und wer kriegt den Platzverweis? Na die, die mit „Nazis raus!" dagegenhalten wollen. Seit Jahren geht es so.

Nun zu Tennis Borussia. Die Jungs hatten eine Idee. Weil es keinen Sponsor für einen Platz auf deren Trikot gab, wollten sie ihn dem Opferfonds CURA zur Verfügung zu stellen. Er kümmert sich um Opfer rechter und rassistischer Gewalt.

Schließlich, so dachten die Fußballer, ist Gleichwertigkeit aller Menschen Verfassungsgrundsatz. Doch was tut der Verband? Er verbietet das. Die Begründung: Es sei zu politisch, zu einseitig. Und das Beste: Der Verband hätte Sorge, dass sich „bestimmte Gruppen" dadurch provoziert fühlen könnten.

Nun, wenn die Grundlage der Demokratie, dass alle gleichberechtigt und gleichwertig sind, zu „politisch" ist, ist die Frage angebracht, auf welcher Grundlage der Verband arbeitet, wenn nicht auf der eines demokratischen Gemeinwesens. Und wie es um dessen moralischen Kompass bestellt ist. Die Rücksicht auf Nazi-Fans wiegt dem Verband schwerer als eine Werbung für einen gemeinnützigen Fonds, der Opfer rassistischer Gewalt betreut?

Das ist ein Klimakiller. So etwas heizt die Atmosphäre auf. So entsteht Klimawandel zum Schlechten. Damit kann Deutschland niemals zukunftsfähig werden. Auch das sollte Wahlkampfthema sein!

Der Beginn alles Lebendigen

4. Oktober 2021

Normalerweise esse ich selten Äpfel, deswegen gehören sie nicht zum üblichen Repertoire meiner Einkäufe. Doch nun beginnen die Hohen Feiertage mit dem jüdischen Neujahrsfest Rosch haSchana. Dafür brauche ich unbedingt Äpfel, möglichst knackige, säuerliche. Ich werde sie dann in Scheiben schneiden und in Honig tunken. Denn alles auf der Welt ist süß und sauer zugleich, und genau deshalb schmeckt das Leben so gut.

Am Abend werde ich zu Freunden gehen und feiern. Wir werden ganz fabelhafte Sachen essen, diesmal Spezialitäten aus der chassidischen Küche Osteuropas. Jemand wird den Schofar blasen, dieses Horn, das klingt, als ob ein Schaf blökt. Ich freue mich darauf, denn da ist ein Raum voller Menschen, die mit mir den Beginn allen Lebens feiern, denn daran erinnert Rosch haSchana jedes Jahr.

Neues Jahr, neue Chance. Es beginnt die Zeit des Nachdenkens, des Zweifels daran, ob wirklich alles gut und richtig war, was jeder Mensch im vergangenen Jahr so entschieden oder getan hat. Denn ohne Nachdenken, ohne Zweifel – keine Möglichkeit, es jemals anders zu machen. Immer das Gleiche tun, aber etwas anderes erwarten, naja, das ist eben verrückt.

Deshalb machen die Juden das: Zwischen Rosch haSchana und Jom Kippur wird nachgedacht, wie man sich so verhalten hat. Dabei geht es nicht allein darum, sich schuldig zu fühlen, sondern aufzuräumen und neu anzufangen, wenn man mit Glück herausgefunden hat, wo man falsch abgebogen ist oder Mist gebaut hat. Nicht Schuld zu fühlen ist das Ziel, sondern es besser zu machen. Das ist das Allerwichtigste.

In dieser Zeit frage ich mich auch, wo ich zu laut war oder zu leise, ob ich jemandem Unrecht getan habe oder was ich noch hätte tun können, vielleicht um Menschen aus Afghanistan rauszuholen. Ob ich zu viel oder doch zu wenig für meine Tochter gesorgt habe.

Oder wann ich zu Recht meine Wut zurückgehalten habe oder ob ich vielleicht doch eher einem Konflikt aus dem Weg gehen wollte. Wann war es Desinteresse an etwas, das mich hätte interessieren können, und wann war es einfach nur Erschöpfung, die mich gefangen hielt? An jedem Moment meines Lebens, doch besonders zu Rosch haSchana tauchen diese Fragen auf. Ich kann sie gar nicht alle beantworten. Für viele dieser Fragen gibt es keine eindeutige Klärung, nur eine Art Kompass, an dem man sich orientieren muss. Zwar ist das nicht so leicht, aber so ist das Leben, oder nicht? Deshalb liebe ich diese Feiertage, die Art zu denken und Lösungen zu finden.

Manchmal frage ich mich ja auch, ob es gut ist, über das Jüdische zu erzählen, wegen des Antisemitismus. Aber vielleicht ist ja vieles daran auch Unkenntnis. Wenn die Leute mehr wüssten, denke ich, würden sie vielleicht Juden nicht so viel hassen. Oder sie tun es gerade deshalb. Ist es nicht eher so, dass das Unbehagen am Jüdischen nicht aus Unwissenheit, sondern aus dem Bauch des Hasses und des Neides kommt, aus der Verneinung eines Lebens mit so vielen Fragen und so anstrengenden Antworten? Die Juden als das Böse in der Welt zu sehen – diese Denkweise ist klein, gefährlich und beschränkt auf fatale Weise das Leben.

Rosch haSchana, der Beginn des Lebendigen, fängt gleich an. Und ich habe bei all dem Nachdenken und Schreiben noch immer keine Äpfel! Hach. Jetzt aber los.

2022

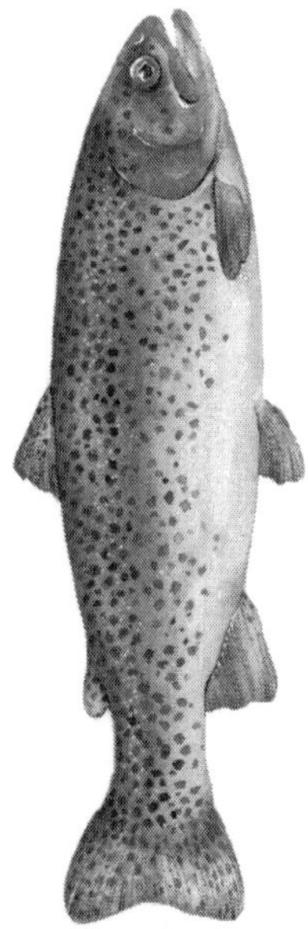

Doppelte Standards

15. Mai 2022

Im vergangenen Jahr fanden viele Veranstaltungen statt, die 1700 Jahre jüdisches Leben in Deutschland feierten. Wunderbar vielfältiges jüdisches Leben war zu sehen. Das Jüdische gehört zum Fundament der europäischen Kultur, hieß es. Ja, es war wie eine große Party.

Trotzdem lebt Deutschland parallel dazu eine Stimmung, die man getrost als ein Unbehagen am Jüdischen beschreiben kann. Wann immer sich etwas Jüdisches im Raum zeigt, steht gleich daneben der riesige graue Elefant. Unbehagen und Aggression kleben direkt an der Rückseite einer Maske des Bekenntnisses gegen jeden Rassismus und Antisemitismus.

Solange die Jüdinnen und Juden dabei ruhige Objekte bleiben, die man beschreiben und beurteilen kann, geht auch alles gut. Jedoch wehe, wenn sie dazu etwas Kritisches sagen oder sich gar einmischen. Dann zeigten sich, dass hier andere Standards gelten als bei anderen Minderheiten.

Die documenta ist dafür ein Beispiel. Das Künstlerkollektiv der Kuratoren Ruangrupa sieht sich einem Antisemitismusvorwurf ausgesetzt. Es hat eine palästinensische Gruppe eingeladen, deren Vertreter nicht nur, wie so viele andere Künstlerinnen und Künstler, die antisemitische Boykottbewegung gegen Israel BDS gut finden oder Teil davon sind. Sondern einem Künstler geht BDS nicht weit genug.

Er fordert die Abschaffung des „zionistischen Staates". Europäische Nationalstaaten hätten die Vernichtung von Jüdinnen und Juden eingeleitet, daher dürfe man den Staat Israel nicht als ihren Befreiungsschlag einstufen, sondern als eine Fortsetzung ihrer Unterdrückung. Yazan Khalili vergleicht Israel – in anderen Worten – mit Deutschland unter Führung des NS-Regimes. Solche Auffassungen sind weit verbreitet, doch das macht sie nicht weniger antisemitisch. Bei der documenta gilt so etwas als Nebenwiderspruch, der halt zur Kunstfreiheit gehört.

Als es dagegen Kritik gab, wurde die abgewehrt. Man sehe nirgendwo Antisemitismus, sagten Menschen, die ihn nie erleben mussten. Man weise zurück. Man verwahre sich. Und der Zentralrat der Juden, als er sich in einem nicht öffentlichen Brief darüber beklagte, aktiv aus Gesprächen herausgedrängt worden zu sein, ist am Ende der große Unruhestifter.

Was bilden die sich ein, heißt es in den Kommentaren. Wer sich antisemitisch äußert und was Antisemitismus ist, bestimmen wir. Wir sagen auch, dass Antisemitismus auf eine Weise zu definieren ist, die uns passt. Wenn es ihn überhaupt gibt. Und wir erklären den Staat Israel zum Symbol des Schlimmsten, was die Welt je gesehen hat. Wer dieses Wir ist, bleibt unklar. Eine Erklärung der indonesischen Gruppe klingt jedenfalls weniger nach Künstlern, sondern eher wie ein bürokratischer Propagandatext aus einer Berliner Zeitung.

Man stelle sich dieses Geschehen mit Schwarzen Künstlern vor, denen bei Kritik gesagt wird, wo man Rassismus sehe und wo nicht und wann sie mitreden dürften, wenn sie nicht einverstanden sind. Und dass es Nebenwidersprüche in der Kunstfreiheit gibt, die sie halt hinnehmen müssten. Hoffentlich ist das in Deutschland unvorstellbar! Und gewiss wären die Reaktionen darauf berechtigterweise heftig und erfolgreich. Die Party würde zu Recht anders laufen. Wieso gilt das Gleiche nicht, wenn es um Jüdinnen und Juden und Antisemitismus geht?

Antisemitismus als Chance?!

30. Juni 2022

Irgendwann in den 1990er Jahren war ich auf einem Bankett zu Ehren eines Freundes. Ein deutscher Professor saß neben mir. Wir sprachen, was man am Tisch so redet, und kamen irgendwann auf das Thema Antisemitismus. Er meinte, der Holocaust sei ja in gewisser Weise eine Katharsis gewesen. Seitdem wären die Deutschen von Antisemitismus geheilt. An den Rest des Abends erinnere ich mich nicht mehr richtig, nur, dass mir der Löffel aus dem Gesicht fiel und mir außer einem schrillen „WAAS?!“ nichts mehr einfiel.

Das ist eine typische Double-bind-Situation – also eine mit doppeldeutig-unklarer Botschaft —, in der sich Juden oft wiederfinden. Egal, wie man darauf reagiert, es kann nur falsch sein. Einschließlich des Nichtreagierens. In den Augen völlig schmerzfreier Nicht-Juden, die etwas Unangemessenes, Antisemitisches tun, gibt es nur eine Erwartung, was der Betroffene wohl dazu zu sagen hat. Weicht er davon ab, ist der Ärger groß. So ist es nicht nur bei Bemerkungen wie der des Professors, sondern auch bei Vorgängen wie dem aktuellen Fall von Antisemitismus bei der documenta fifteen oder vielen vorangegangenen Debatten über Antisemitismus.

Als Jüdin kann ich sagen, der Double Bind begleitet uns ein Leben lang. Von Kindheit an machen wir uns Gedanken, ob man, was man, wie man etwas sagen oder tun soll, das mit dem Jüdischen zusammenhängt. Die Geschichten unserer Eltern und Großeltern haben sich tief in unserem Herzen festgebissen. Vorsicht ist immer geboten. Bei Antisemitismus nicht zu diplomatisch zu sein, nicht zu emotional, nicht zu sachlich, nicht zu faktenreich, nicht zu nett, nicht zu einfältig, nicht zu simpel, nicht zu komplex und vor allem: sich niemals hilflos oder wütend zeigen!

So muss der Professor nicht leben und auch nicht die Direktorin der documenta oder andere. Sie sind schmerzfrei, wenn es um

Antisemitismus geht, und bedauern im Fall des Offensichtlichen, dass sie unbeabsichtigt jemandes Gefühle verletzt hätten. Ob das nun ein Zeichen von Mitgefühl für die von Antisemitismus Betroffenen ist? Wohl eher im Gegenteil.

Die Frage, ob es gerade nötig ist, Antisemitismus zum Thema zu machen bei BDS, bei den Antiimperialisten, bei einschlägigen Islamverbänden oder ihren Verteidigern aus der antirassistischen Szene oder bei bürgerlichen Neidern – diese Frage rattert wie ein kaputter Ventilator in unserem Köpfen. Nur, dass man sie nicht ausschalten kann. Schon gar nicht, wenn jemand sagt, Antisemitismus wäre doch eine Chance.

Wie der Soziologe Natan Sznaider immer sagt, man kann Antisemitismus nicht wegpädagogisieren. Jedenfalls sei Pädagogik nicht die Lösung. Sie bleibe immer nur eine Entlastung. Vielmehr wird im Antisemitismus ein Kulturkampf deutlich, für den es weder eine Lösung noch eine Erlösung geben kann. Denn im Antisemitismus steckt immer Vernichtung. Er taugt nicht einmal als Katharsis für diejenigen, die ihren Antisemitismus einfach nicht loskriegen. Er hört nicht auf, selbst wenn sie die alle umbringen. Auf dem Rücken der Juden lastet ein pessimistischer Weltschmerz, eine Sehnsucht nach Zerstörung aller Widersprüchlichkeiten, denn das will der Antisemit.

Nein, das kann nicht weggeworkshopt werden. Der Kampf gegen ein antisemitisches Weltbild muss geführt werden, indem man es analysiert, erklärt, was es für alle bedeutet, jenseits der Frage, ob Juden doch eigentlich ganz nett sind und alle in Frieden und Vielfalt zusammenleben können. Und antisemitische Vorfälle und Straftaten müssen unbedingt durch Polizei, Justiz und Gesellschaft geahndet werden.

In der letzten Zeit wird über den deutschen „Schuldkult" diskutiert. Von Rechtsextremen kennen wir das. Heute aber geht es in linken Kreisen des Kultur- und Kunstbetriebs darum, endlich die Shoa ihrer Singularität zu entledigen. Andere Genozide, vor allem im „globalen Süden" – was immer das sein mag – seien genauso schlimm, blieben aber unbeachtet. Weil Juden Weiße seien, würde nur über den Holocaust geredet.

Jetzt geht es um Israel. Um ungehindert diesen winzigen Staat von der Landkarte verschwinden zu lassen, muss Antisemitismus bestritten, die Shoa relativiert und Israel dämonisiert werden. Und warum? Weil Antisemitismus sich immer neue Wege sucht. Israel ist vor allem eine Projektionsfläche, und damit es so bleiben kann, wird Antisemitismus als Ganzes geleugnet wie bei der documenta. Und manche Leute erklären sogar die Erinnerung an die Shoa zum rechten Projekt, weil sie vermeintlich zum Schutz Israels gegen Kritik missbraucht würde.

Neun antisemitische Vorfälle pro Tag im letzten Jahr, mehr als 2700 insgesamt, darunter schwere Gewalttaten, das ist die Realität in Deutschland. Dabei ist egal, ob es um Israel geht oder nicht oder ob die Angegriffenen, also Juden und Jüdinnen, irgendeinen Bezug dazu haben. Denn ganz gleich, wie wohlwollend oder friedlich auch immer sich Juden verhalten, es wird nie zur Befriedung der Antisemiten führen. Das gleiche gilt für Israel und seine bloße Existenz. Es gibt keine Katharsis bei Antisemitismus. Es gibt keine Chancen bei Antisemitismus.

Aus der Bemerkung des Professors sprach ein tiefsitzender Wunsch nach dieser Katharsis, dem Judenmord. Bei aller Furcht vor jedem Antisemitismus, die die jüdische Gemeinschaft umtreibt, ist Vorsicht am Ende egal. Ich finde, was antisemitisch ist, muss so genannt werden. Unverblümt. Egal, wer ihn äußert, und egal, ob die Mehrheitsbevölkerung darauf missmutig reagiert. Neun Vorfälle pro Tag – und es werden nicht weniger, wenn wir Jüdinnen und Juden in Deutschland uns dazu nicht auch selbstbewusst äußern.

Achtung, Antirassismus!

11. Juli 2022

Als Kind aus dem Osten schrecke ich immer zusammen, wenn ich das Wort Kollektiv höre. Die Idee eines Kollektivs nicht per se toll zu finden, galt in der DDR schon als ideologisches Abweichlertum. Der Westen, so sagten es die Kollektivideologen verächtlich, stehe für den Individualismus. Das Kollektiv dagegen verkörperte Einheit, so wie der Sozialismus: vom Ich zum Wir.

Umso mehr erstaunt es mich, wie manche Diskussionen gerade laufen. Zum einen wächst das Bedürfnis, sich in der eigenen Identität abzugrenzen. Ethnisch, geschlechtlich, kulturell diversifizieren sich die Menschen in ihren Selbstbeschreibungen. Ich finde das gut. Soll doch jeder Mensch das Recht auf die Bestimmung des eigenen Selbst haben! Vielleicht machen Differenzierungen den Stereotypen irgendwann ein Ende.

Auf der anderen Seite entstehen in der Welt der Fortschrittlichen, bei Künstlern, Intellektuellen oder Sozialpädagogen, Begriffe wie „der globale Süden", was ja als Wort wie auch als Ideologie genau das Gegenteil einer Differenzierung bedeutet. Der globale Süden – als Sammelbegriff für Menschen außerhalb Europas?

Eine so grobe und unaufrichtige Vereinheitlichung kann sich mit dem sozialistischen Kollektivgedanken messen. Im Sozialismus war er nicht freiwillig, der globale Süden hingegen soll selbst gewählt sein und gleichzeitig alle so hart erkämpften Ausdifferenzierungen glattstreichen? Als eigentliche Idee steht dahinter die Gegnerschaft zum imperialistischen „Norden". Aber das ist auch unaufrichtig, denn der „Osten" wie Russland oder China fällt aus dieser Kritik heraus, obwohl er zwar imperialistisch, aber nicht demokratisch ist. Blutige Autokraten sind den Fortschrittlichen offenbar der Kritik nicht wert, Israel dafür umso mehr.

Die Gleichzeitigkeit von Generalisierung und Identitätsdifferenzierung zeigt sich bei der Diskussion über die documenta und ihr gescheitertes Konzept der kollektiven „Reisscheune". Sie ist aber auch Teil jener Diskussion über die Ernennung von Ferda Ataman zur Antidiskriminierungsbeauftragten des Bundes. Bei der Gelegenheit: Liebe Ferda, ich gratuliere von Herzen! Wir wollten so oft über die Probleme von Rassismus versus Antisemitismus sprechen. Bitte lass es uns nun bald tun. Denn sie sind symptomatisch für das Thema Einwanderungsgesellschaft.

In jedem Fall müssen Schwarze Deutsche und Menschen mit Migrationsgeschichte unter allen Umständen vor Diskriminierung und Gewalt geschützt werden. Doch am Ende ist die Tat entscheidend, egal wer sie verübt. Frauenhasser, Antisemiten, Rassisten oder sonstige Verbrecher gibt es überall. Auch unter Menschen mit Migrationsgeschichte. Das ist eine Binse.

Ein Antirassismus, der das verleugnet, ist rassistisch. Diese Form des Antirassismus, die sich in der Debatte über Ferda Ataman gezeigt hat, nimmt weder Täter noch Opfer ernst. Sie kollektiviert und ignoriert das Individuum und seine Rechte. Ein Beispiel: Wenn ein Islamist hier meine kurdische Freundin bedroht, dürfen sie oder ich dann nichts sagen? Weil der Täter aus dem globalen Süden stammt und somit von Rassismus betroffen sein kann? Wird sie gezwungen, sich mit ihm, der ihr den Tod wünscht, gemein zu machen? Wegen des Antirassismus?

Nein! Ich bin für einen Antirassismus, der seinem Antirassismus mehr vertraut, als er den Rassismus der Rechten fürchtet.

Franco und die documenta

1. August 2022

Im Moment habe ich keine Lust, über Antisemitismus zu sprechen. Die Diskussion ist hartleibig und ideologisch geworden. Wann immer der Antisemitismus die Sphären des Rechtsextremismus verlässt, wird er geleugnet, relativiert, als „nicht strafrechtlich relevant" wegdefiniert oder zur Stimme des „globalen Südens" gemacht. Die Shoa sei zudem ein Verbrechen unter vielen, das nur deshalb so große Aufmerksamkeit bekäme, weil die Opfer „weiße Menschen" gewesen wären. Bilder auf der documenta, die wie antisemitische Karikaturen wirken, symbolisieren das Böse durch den israelischen Soldaten in einer Welt, die doch so schön sein könnte, wenn dieses Böse nicht wär.

Das soll Antisemitismus sein? Ach, ist doch alles halb so schlimm und Kunstfreiheit. Wäre da nicht der Zentralrat der Juden mit seiner Israel-Lobby, die immer Ärger machen und alles kontrollieren wollen. Die Abwehr gegen Aufklärung und Vernunft nimmt bizarre Züge an, wenn es um das Gegenbild zum Bösen geht. Es ist traditionell, dieses Gegenbild, mit ethnisch definierten guten Völkern und sauberer Luft. Die Dorfgemeinschaft bestellt die Äcker und teilt sich alles. Nach den Vorstellungen einiger der Künstlerkollektive sollte die Realität aussehen wie ein romantisches oder sozialistisches Gemälde, das allein vom bösen Westen, also den Juden/Israel gestört wird. Und so sehen gerade auch die Debatten rund um die documenta aus. Darüber zu reden ist mir dieser Tage sehr schwer.

Antisemitismus hat, ginge es nach der Gedankenwelt des documenta-Milieus, da zu bleiben, wo er hingehört: bei den Nazis. Alles andere kann kein Antisemitismus sein.

Na schön, dann schauen wir uns den Nazi-Antisemitismus mal an. Bei Franco A. beispielsweise. Er wurde gerade zu fünfeinhalb Jahren Haft verurteilt wegen der Vorbereitung einer schweren staatsgefährdenden Straftat. Er wollte Menschen umbringen. Claudia Roth, Heiko Maas und mich. Mein Leben hat sich verwirkt, wie er offenbar fand, ich plane den „großen Austausch" – die Deutschen sollen dezimiert werden, und dafür bringe ich mehr Schwarze Menschen in den Osten. Juden sind so, nach dem Weltbild von Franco A., sie wollen das Volk zersetzen, um es zu schwächen. In seinen Gedanken dreht sich alles um Reinheit. Das deutsche Volk hätte es viel besser ohne den westlichen Mist, die jüdischen Welteliten und die Kontrolle der Medien. Auch dafür macht er mich verantwortlich. Löschkommandos auf Facebook und Twitter: meine Schuld – ganz nach Stasi-Manier. Umvolken, umerziehen, kontrollieren und das subversiv. Dafür wollte er mich erschießen. Er ist ein Antisemit.

Einige Journalisten haben mich gefragt, wie ich mich bei all dem gefühlt hätte. Bei all dem? Die wenigsten hatten dabei den Antisemitismus dieses Menschen im Kopf. Sie wollten wissen, ob ich Angst hätte und ob es mir besser ginge, da er verurteilt wurde. Ehrlich gesagt, weiß ich das bis heute nicht. Vielleicht hätte es mich berührt, wenn in dem Zusammenhang wenigstens der Antisemitismus ernst genommen worden wäre. Doch das ist nicht geschehen. Verschwörungserzählungen und Rechtsextremismus, ja, darüber gibt es viel Wissen. Doch wird der Antisemitismus nicht einfach nur dahinverwaltet? Da gehört er hin, bei den Nazis, dort verurteilen wir ihn, aber das, ohne ihn wahrnehmen zu müssen. Wer identifiziert sich schon mit einem Nazi? Wer kann also deren Antisemitismus reflektieren, als relevantes, beständiges Gefühl? Er wird stattdessen kategorisiert, verortet und in die Vergangenheit gepackt, in der alle „dummen" rechten Nazis verharren. Die Nicht-Nazis betrifft das natürlich gar nicht. Sie brauchen sich über diesen NS-Vergangenheitsschmutz keine Gedanken machen. Sie haben den ganz offenbar komplett überwunden.

Die Nachfragen, ob ich das gruslig fand, dass mich Franco A. ermorden wollte, kann sich sparen, wer nicht bereit ist, über Antisemitismus nachzudenken. Ja, es ist schwer in einem Land zu leben, das meine Großeltern und Millionen anderer Menschen ermordet hat. Es ist schwer zu ertragen, dass immer wieder in anderer Form – eben auch von linker Seite – unter das Kapitel Shoa und Antisemitismus ein Schlussstrich gefordert wird. Am schwersten zu ertragen ist die Ignoranz, die den Antrieb des Antisemitismus nicht begreifen will – den Hass auf alles Jüdische. Vielleicht sollte man fragen, was denn eine Welt ohne das Jüdische so toll macht. Ist es die ländliche Idylle, die Dorfgemeinschaft? Ist es, dass dann angeblich Frieden auf der Welt herrscht, besonders im Nahen Osten? Ist es vielleicht eine Welt ohne lästige Fragen? Ohne Umweltschmutz, Krieg und Ausbeutung? Eine rein reine Welt? Weil aber die Welt so nicht funktioniert, soll an all dem Unheil das Jüdische schuld sein? Oder Israel?

Im Ernst: Ich habe das alles schon gehört. Darüber kann man nicht ernsthaft diskutieren. Ich bin ein Kind von Holocaustüberlebenden. Wir sind zweifelsohne sehr aufmerksam, wenn es um Antisemitismus geht. Aber wir werden auch das überleben. Ob Franco A. mit seiner mörderischen Vorstellung von Reinheit oder den Unsinn auf der documenta mit den Dorfgemeinschaften versus das jüdische Böse.

Deutsche Verantwortung in der Ukraine: Eine riesige Wunde

8. August 2022

Die alte Dame geht voran. Sie führt die Delegation durch einen schmalen Hausflur und schließt die Tür zu ihrer Wohnung auf. Als Kind hatte sie erlebt, wie die Deutschen auf der Jagd nach Juden und Roma Haus für Haus ihr Viertel durchkämmten. Wen sie erwischten, der wurde ermordet. Wie so viele in jenen Tagen hielt sich ihre Familie versteckt und floh schließlich aus der Stadt. Heute bittet die Frau drei Männer herein. Ihre Wohnung ist winzig und dennoch für Roma wie sie ein seltenes Glück. Sie zeigt die zwei Kammern und die Küche. Sie wohnt in Lwiw, in der westlichen Ukraine.

Überall im Land sind Roma auf der Flucht, auch in der Ukraine haben sie es schwer, ganz besonders seit Kriegsbeginn. Deswegen hat die alte Dame geflüchtete Roma aus der Ostukraine aufgenommen. Acht Personen, darunter einige Kinder. Die Grundfläche der Wohnung wird, wenn alle schlafen, bis auf den letzten Zentimeter genutzt. Sie kauft das Essen von Spenden und, wenn es keine gibt, von ihren 60 Euro Rente.

Noch nie waren wichtige Leute bei ihr und schon gar nicht deutsche Politiker, die sich um die Lage der Roma in der Ukraine sorgen. Aber jetzt stehen da Daniel Strauss, ein Sinto aus Mannheim, der den Landesverband der Sinti und Roma in Baden-Württemberg leitet, Romeo Franz, der erste Sinto, der als Abgeordneter im Europaparlament für die Grünen sitzt, und Mehmet Daimagüler, Antiziganismusbeauftragter der Bundesregierung. In Auschwitz hatten die drei zuvor einen Kranz in Erinnerung an die Ermordung der letzten 4300 Sinti und Roma niedergelegt. Das war am 2. August 1944. Deshalb erinnert dieses Datum nun an die 500 000 ermordeten Sinti und Roma.

Der alten Dame gefällt, dass diese Deutschen so anders sind als die ihrer Kindheit. Alle drei gehören wie sie selbst einer Minderheit an, alle drei erkennen in ihren Geschichten die eigenen wieder. Als das Gespräch auf die schwere Lebenssituation der Geflüchteten und ihrer Gastgeberin zurückkommt, kann die örtliche Romavertreterin kaum an sich halten. „Sie wollen sehen, wie wirkliches Elend aussieht?", fragt sie. Und dann bringt sie die Besucher mitten in den Wald, nur einige Autominuten von der Stadt entfernt.

Im Schlamm, der Regen hat den Boden aufgeweicht, spielen Kinder. Die Erwachsenen haben aus Tüten und Kartons versucht, Schlafplätze zu bauen. Sie haben kaum Nahrungsmittel und Wasser. Einige von ihnen sind aus dem Kriegsgebiet geflohen, andere leben hier schon eine Weile. Sie sind, nachdem die Deutschen einst ihre Häuser und Geschäfte niedergebrannt hatten, immer weiter geflohen, ohne dem Elend entkommen zu können. Hier also lebt eine der Gruppen von Roma, die nirgendwo aufgenommen wurden. Die drei Männer erschüttert diese Situation, sie können kaum sprechen. So sollte niemand existieren müssen.

Die Ukraine war die deutsche Kolonie im Osten. Deutschland hatte die Ukraine erobert und besetzt, sie ausgebeutet und die Menschen gezwungen, fürs Reich zu arbeiten. Juden und Roma wurden dabei systematisch ermordet. Die Folgen für das ganze Land sind bis heute zu spüren. Die Wälder sind voll von Massengräbern. Manchmal weisen Gedenksteine am Straßenrand auf die Erschießungen von damals hin.

Deutsche Verantwortung in der Ukraine klingt nach Wörtern, die nichts beschreiben. In der Wirklichkeit aber ist sie eine riesengroße Wunde. Auch für die Roma.

Der alten Dame, einer Überlebenden deutscher Verbrechen, sind wir mehr schuldig als Wörter.

2023

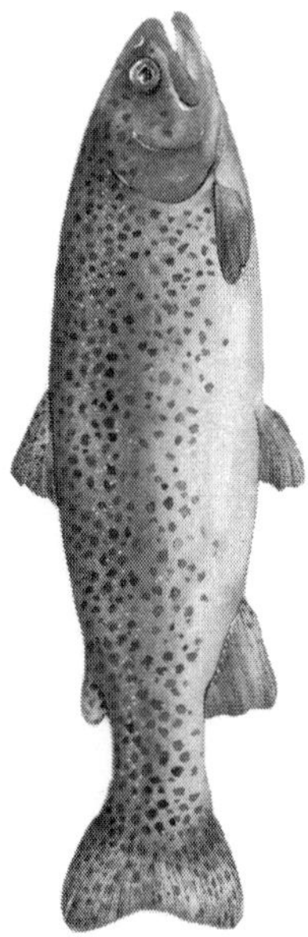

Und Abels Blut schrie zum Himmel

19. Februar 2023

Es hatte sich schon eine beachtliche Gruppe von interessierten Menschen eingefunden, als vor einer katholischen Kirche in Berlin-Kreuzberg ein Kastenwagen hielt. Der Künstler Gunter Demnig stieg aus und öffnete die Schiebetür, um zwei Stolpersteine zu verlegen. Zwei von hunderten, die im Inneren des Wagens lagerten.

Ehrlich gesagt fällt es mir sehr schwer, über die Ermordeten in meiner Familie zu schreiben. Die Diskrepanz zwischen dem, was öffentlich zum Massenmord an den Juden in Worten und Gedenken für die deutsche Gesellschaft gerade noch zumutbar erscheint, und dem, was die Opfer erleiden mussten, ist viel zu groß, als dass der Versuch, hierüber eine Brücke zu bauen, gelingen könnte. Die Nachfahren der Opfer ertragen diese Diskrepanz jeden Tag. In der öffentlichen Erinnerung jedoch stapeln sich Namen, genau wie Stolpersteine, in einer anonymen Menge.

Mit geübten Handgriffen lässt der Künstler dann den einen glänzenden Steinen in den Boden ein. Rituale vermögen manchmal zu bewirken, dass sich eine Tür zur Erinnerung öffnet. Für einen Moment taucht er auf: Kurt Machol. Er war der Bruder meines Großvaters und wohnte mit Editha, seiner Frau, und dem kleinen Abel in einer der Wohnungen, die zur Kirche gehörten. Kurt studierte Jura und promovierte. Die ganze Familie engagierte sich in Nachbarschaft und Gemeinde, im Turnverein und in verschiedenen Parteien.

Sie alle waren große Patrioten für Deutschland. Kurt Machol wurde sogar aktives Mitglied im „Verband Nationaldeutscher Juden". Er war kein „Deutscher jüdischen Glaubens", wie es so heißt, sondern ganz eindeutig ein Jude deutschen Glaubens. Deswegen wollte er auch unbedingt in die Reichswehr.

Kurt und Editha wünschten sich nichts so sehr wie ein Baby. 1940 kam das lang ersehnte Kind auf die Welt. Sie nannten es Abel. Dieser Name trägt ein Omen. Abel, so heißt es in der Heiligen Schrift, war der jüngere Sohn von Adam und Eva, den ersten Menschen auf der Erde. Sein Bruder Kain erschlug ihn aus Neid und Eifersucht. Abel wurde das erste Opfer mörderischer Gewalt.

Der kleine Abel Machol war nicht einmal zwei Jahre alt, als er mit seiner Mutter und seinem Vater deportiert wurde. Die Familie erhielt im September 1942 einen Brief in Amtsdeutsch, der sie zur Sammelstelle in der Synagoge Moabit beorderte. Kurt als nationaldeutscher Jude hatte versucht, dem antisemitischen Hass zu entgehen, indem er sich kurze Zeit davor noch hatte taufen lassen.

Es ist ein Fluch, sich vorstellen zu müssen, wie die Juden dieses Bezirks durch die Straßen gegangen sind. Etwa 700 Jüdinnen und Juden mit ihren Kindern zogen von der Synagoge aus zum Güterbahnhof Moabit. Kurt, der Optimist, lief neben seiner Frau Editha, die Abel fest auf dem Arm hielt. Die Leute an den Fenstern, manche hinter Gardinen, sahen das mit an.

In der Bibel heißt es, Gott hätte nach Abel gerufen und Kain gefragt, wo Abel geblieben wäre. Doch der antworte kalt: „Bin ich denn meines Bruders Hüter?"

Wenige Tage danach kamen die Juden am Ort ihres Todes an. Nackt, an der Grube, erschossen, jeder einzelne. Auch der Kleine. Abels Blut schrie zum Himmel.

Ein halbes Jahr später wurden Kurts Bruder Heinz, mein Großvater, seine zweite Ehefrau Lilly und die gemeinsamen Kinder Gert und Peter nach Auschwitz deportiert. Auch Edithas Eltern Theodor und Helene Tuch wurden ermordet. Überleben konnten nur Kurts Schwester Charlotte und die Kinder von Heinz aus erster Ehe: Ernst Machol und Doris, die meine Mutter werden sollte.

Es sind so viele Stolpersteine.

AfD setzt Höhenflug fort: Wer hat Schuld?

12. Juni 2023

Wer ist schuld am AfD-Hoch? Diese Frage beschäftigt die Menschen in Medien und Politik. Was für ein Spektakel! Für die CDU ist es das Gendern, sie folgt dem Trump'schen Stil. Für andere sind es der Heizungsraub, die Inflation, Migration und Subvention oder die grüne Diktatur. Die Ostdeutschen leiden unter Stigmatisierung und Pauschalisierung; alle denken, sie seien rechts; und deshalb sind die Ostdeutschen gezwungen, die AfD zu wählen!

Und die Westdeutschen? Sie können nicht ertragen, dass nach 16 Jahren der Merkel'schen Ruhe nun offene Konflikte in der Politik zu spüren sind. Den einen geht alles nicht weit genug, den anderen geht es zu schnell. Übrigens bin ich höchstpersönlich auch schuld, wie ich verschiedentlich lesen durfte. Denn abgesehen vom „großen Austausch", den die Juden seit langem planen, will ich auch die AfD verbieten lassen.

Und da kommen wir doch gleich zum eigentlichen Thema. Es ist gut, dass jetzt der Aufstieg der sogenannten Alternative für Deutschland wahrgenommen wird. Zumal nicht mehr nur der Osten betroffen ist. Bisher wurde er nicht wirklich ernst genommen. Vielleicht schärft sich der Blick nun, doch ändert das leider gar nichts für die Ostdeutschen.

Nun sind die Zahlen auch im Westen hochgegangen. Es scheint also „wirklich" ein Problem zu geben. Um herauszufinden, woran das liegen könnte, würde ich vorschlagen, die Fragen anders zu stellen. Man könnte der Politik mit großen und kleineren Vorwürfen kommen oder sie der Instrumentalisierung bezichtigen. Doch was wäre der Effekt? Womöglich eher Langeweile als ein Erschrecken. Zumal wir alle wissen, wie schwierig diese Zeiten zwischen Krieg und Klimakrise, zwischen Inflation und Migration sind. Das lähmt den Verstand.

Deswegen, finde ich, sollten wir fragen, was man tun kann, um die AfD noch mal richtig zu pushen. Als paradoxe Intervention. Vielleicht hilft das weiter. Also hier eine kleine Auswahl der Möglichkeiten: Um die Menschen der AfD zuzutreiben, könnte man bundesweit dafür sorgen, dass Verwaltung und Bürokratie noch komplizierter werden. Trotz Chaos sollten sich Bürgerinnen und Bürger immer als Bittsteller fühlen. Und „nicht deutsch gelesene" Menschen müssen grundlos extra schikaniert werden, gerne öffentlich, besonders von Polizei, Verwaltung, Gesundheitswesen.

Alle Institutionen sollten sich darauf konzentrieren, Eingewanderten auf keinen Fall Chancen zu eröffnen. Insgesamt sollte das Bildungssystem weiter verkommen. Die Schuld dafür muss dann den Kindern aus Migrantenfamilien und sozial Schwachen gegeben werden und keinesfalls Fantasielosigkeit und Unterfinanzierung.

Überhaupt sollte sich das Ideal eines Lebens in Deutschland für alle an den 1960er Jahren orientieren. Damals gab es kaum „Ausländer", und wenn, dann arbeiteten sie dankbar und still dort, wo Deutsche es nicht gerne taten. Auch diese lästigen Frauenthemen: Emanzipation und gar Feminismus bringen nur Ärger. Das Gleiche gilt für queere Minderheiten. Das heute aus der Mottenkiste zu holen, um der AfD Konkurrenz zu machen, ist eine prima Idee.

Kommen wir zu den Minderheitengruppen. Auch sie können etwas beitragen. Sie sollten stets nur ihre eigene Stimme präsentieren, ihre eigenen Rechte fordern und jeder anderen Person untersagen, ihr Themengebiet zu betreten. Identität muss wichtiger sein als konkreter Fortschritt. Außerdem ist zur Erstarkung der AfD sehr wichtig, ständig mit gesellschaftlichen Horrorszenarien zu drohen, statt Gestaltungsideen einzubringen. Alle sollten das machen, besonders die Medien. Aber die Regierung kann auch helfen: Politische Versprechen zu brechen und nichts dazu zu sagen, kommt hier ebenfalls gut.

Nazis und Nationalsozialismus zu verharmlosen, ist ein Muss im Alltag. Und Vergleiche mit dem NS bei jedem Firlefanz – das trägt auf jeden Fall zur Desensibilisierung und Normalisierung bei. Auch ein Punkt für die AfD. Und dann vor denen einknicken, bei jedem popligen Konflikt, egal wo, egal wann – das gehört ebenfalls auf die Liste. Und schließlich muss unbedingt ein Verbot der AfD diskutiert werden. Am besten kurz vor den Wahlen.

Was tun, damit alles so bleibt? Bloß nicht selbstreflektiert sein, denn schuld sind immer die anderen! Also nur weiter so!

Die Wunde des 7. Oktober

25. Oktober 2023

An den Tagen nach dem 7. Oktober waren die Schmerzen kaum auszuhalten. Besonders wenn meine Enkeltochter mit mir auf der Fensterbank spielte. Ihre Ohren sind so weich, die Kurven ihres Nackens so süß, ich möchte dauernd ihre runden Wangen küssen oder ihr die weichen Löckchen aus dem Gesicht pusten. Wenn sie weint, erschrecke ich mich, wenn sie lacht, ist das ganze Leben gut. Die ersten drei Tage nach den Morden in Israel konnte ich sie kaum ansehen, ohne zu weinen. Nicht laut, mehr nach innen. Meine kleine Süße, ich könnte es nicht ertragen, wenn dir etwas passiert. Und nicht irgendetwas, sondern das.

In diesen Tagen riefen mich auch Freunde an und fragten, wie es mir ginge. Sie wollten ihre Anteilnahme mit den Familien der Entführten und Getöteten in Israel mit mir teilen. In den Medien und sozialen Netzwerken aber wich der Schreck über den Angriff rasch lauten Warnungen. Israel dürfe jetzt aber nicht überreagieren. Als Israel noch im Schock war, begannen die ersten Medien und andere Mainstream-Kanäle mit dem „Ja, aber" und anderen Posen eines kaum gezügelten Ressentiments gegenüber Israel, seinen Bewohnern und den Juden überhaupt. Als Israel sich zu verteidigen begann und Stellungen der Hamas angriff, war der Weg für die Propagandamaschine frei. Es hätte eigentlich des Krankenhauses gar nicht bedurft, das angeblich von Israel bösartig zerstört worden war, um den Hass auf die Juden auf die Straße zu tragen. Auch als klar wurde, dass es ein Selbstbeschuss der Hamas war, änderte sich an der Richtung nichts.

Viele politische Analysten machten sich Gedanken, weshalb der Angriff gerade jetzt stattfand und wer wieso davon profitiert. Darunter waren auch einige sehr schräge Theorien, die dahinter die Juden selbst vermuteten. Doch egal wie absurd, die antisemitische Lüge nahm ihren Lauf. Und nichts wird daran etwas ändern.

Der Überfall, das Morden, die Vergewaltigungen, die Entführungen, die unsagbaren Grausamkeiten geschahen nicht im Geheimen. Sondern in aller Öffentlichkeit. Und egal, wie die Israelis reagieren würden, und sie mussten ja reagieren, die Welt sollte sich umgehend gegen sie wenden. Der Angriff der Hamas war eine Falle, zynisch und unmenschlich den Juden und den eigenen Einwohnern gegenüber. Die Propagandamaschine hatte es genau darauf angelegt.

Seit Jahrzehnten wird Israel dämonisiert. Das alles geschah so lange und gründlich, bis sich die Hamas sicher sein konnte, dass jede erdenkliche Grausamkeit und Unmenschlichkeit ihrerseits nicht etwa zu Empörung über den islamistischen Terror der Hamas führen würde. Im Gegenteil, auch die offenkundigste Grausamkeit erregt kein Mitgefühl, keine Solidarität mit Menschen in Israel. Nein: Je brutaler die Unmenschlichkeit terroristischer Attentate, desto größer der Hass gegen Juden, der unweigerlich folgt, sind die Schleusen erst geöffnet. Seit Jahrtausenden geht das so.

Wie kann es sein, dass westliche junge Leute, die nach Emanzipation streben und sehr sensibel auf jegliche diskriminierende Geste reagieren, jetzt diesen Hamas-Schlächtern hinterherlaufen wie dem Rattenfänger von Hameln? Ich frage mich, welcher Selbsthass sie dazu führen kann? Wie stark muss das Gefühl sein, mit westlicher Freiheit und Wohlstand auf der falschen Seite zu stehen? Warum wollen sie, statt für alle Freiheit, Menschlichkeit und Wohlstand zu erstreiten, genau das Gegenteil? Mit all ihrer Bildung an den westlichen Unis könnten sie doch wissen, dass alles, was sie verkörpern, von der Hamas zutiefst verachtet wird. Wie kommen sie darauf, dass ausgerechnet die islamistische Hamas Gerechtigkeit brächte? Für wen? Genau diese jungen Leute wären gleich nach den Juden dran: Queere, Frauen, Transgender – egal welcher Hautfarbe. Wollen sie wie die jungen Frauen im Iran erschlagen werden, oder wollen sie aufgehängt werden wie die Homosexuellen? Wollen sie von den Unis verbannt werden, weil sie Frauen sind? Wollen sie strenge Vorschriften befolgen, wann sie sprechen dürfen, wann beten, was sie anziehen dürfen und von wem sie sich vergewaltigen lassen müssen? Ist ihnen das Ausmaß an Unrecht, Frauenhass und Unterdrückung bewusst, das sie da unterstützen? Oder ist es ihnen egal, weil es sie selbst ja nicht betrifft? Ist ihr Hass auf Juden größer als die Furcht, so leben zu müssen wie die Frauen in Gaza?

Ich verstehe es wirklich nicht. Was hat die Menschenrechtsbildung gebracht, wenn sie hier so gründlich scheitert? Wie kann es sein, dass aufgeklärte Personen sich wünschen, Israel möge von der Hamas und den anderen Islamisten überrollt und zerstört werden? Was, glauben sie, würde mit seinen Bewohnern geschehen? Der Trotz, das nicht zu Ende denken zu wollen, gehört zur emotionalen Verwahrlosung dieser Leute dazu, die sich progressiv nennen, aber regressiv denken und reaktionär handeln.

Die Stimmung ist vergiftet. Antisemitische Aggressionen bestimmen die Diskussionen, mal mehr, mal weniger direkt. Oft sind sie in sorgsamem Zynismus verborgen. Auf den Straßen tobt sich der Antisemitismus aus. Und viele Jüdinnen und Juden wie ich fühlen sich verloren, trotz der politischen Bekundungen, wo immer sie ertönen.

Die Schmerzen lassen einfach nicht nach. Die runden Wangen meines Enkelkinds haben diese Grübchen, wenn es lacht. Nicht auszudenken, die Panik dieses kleinen Mädchens, wenn es gequält würde. Viele jüdische Eltern und Großeltern müssen sich genau das gerade ausdenken. Sie müssen es ertragen. Also müssen wir alle es uns vorstellen. Und ihnen beistehen.

Die Woche des kühlen Kopfes

26. November 2023

Meine Welt ist eine andere nach dem 7. Oktober, dem Tag des Überfalls der Hamas auf Menschen in Israel. Meine Eindrücke, Gedanken und Gefühle verändern sich mit jeder Woche, die seither vergeht. Erst der Schock, das Entsetzen, die Trauer über die Taten der Mörder, die sich schon vorher ausgemalt hatten, was sie tun könnten, um das größtmögliche Leid zu verursachen.

Dann kamen die Reaktionen auf diesen Angriff. Und wieder Schock, Entsetzen und Trauer. Und Wut. Ich kenne Antisemitismus mein Leben lang und weiß, wie er aussieht, wenn er vor mir steht. Ihn zu leugnen, sich rauszureden und denjenigen, der ihn wahrnimmt, für verrückt zu erklären – auch das ist mir zutiefst vertraut.

Die Wochen nach dem islamistischen Anschlag weckten in mir die eigenen Erfahrungen und die meiner Familie während der Shoa. Einige wurden von den Nazis einfach abgeschlachtet, andere hatten das Glück, gegen sie kämpfen zu dürfen. Ihre Angst, doch auch ihr kämpferischer Zorn ist mir vertraut. Ich fühle gerade beides. Wie die meisten Juden in Deutschland, deren Furcht wahrzunehmen wichtig ist, will ich nicht auf die Angst reduziert werden.

Dass sich Jüdinnen und Juden heute selbstbewusster zeigen, liegt an Israel, das für Juden die Möglichkeit verkörpert, keine hilflose Minderheit mehr zu sein. Die Hamas hat auf alle Juden gezielt, nicht nur auf Israel – und getroffen. Diese Verbrecher haben der Welt gezeigt, wie furchtbar der Tod sein kann, wenn Sadisten ihn begehen, und dass sie trotzdem und sogar deswegen bejubelt werden. Ihre Verbrechen bestehen auch in ihrer Kriegsführung in Gaza, wo sie Zivilisten bewusst dem Tod ausliefern. Je mehr, desto besser. Mit Hauptquartieren unter Krankenhäusern zeigen sie dem internationalen Kriegsrecht den Stinkefinger. Wenn heute Jüdinnen und Juden, die das aussprechen, zum Problem gemacht und angefeindet werden, hat der irrationale Judenhass ein neues Niveau erreicht.

Jetzt heißt es, einen kühlen Kopf zu bewahren. Trotz der weltweiten Weigerung zu verstehen, dass Antisemitismus die Mutter aller Zerstörung ist – Zerstörung von Demokratie, von Freiheit, von Mitgefühl, von Vernunft und Aufklärung. Antisemitismus ist das Gerücht über Juden, ein Gerücht, eine Lüge, ein Konflikt, eine Unklarheit und alles gleichzeitig.

Wenn Jüdinnen und Juden angegriffen werden, muss die Welt mit Antisemitismus umgehen, und das will sie um keinen Preis. Weil es zu schwierig wäre, es stört die eigenen politischen Gewissheiten, Ideologien und Gefüge. Es stört die eigenen Lebenslügen. Lieber daran scheitern, als sich dem stellen? Lieber die nervigen Jüdinnen und Juden weghaben wollen, als die Probleme lösen? Lieber den jüdischen Staat abschaffen, als die eigenen Konflikte begreifen?

Antisemitismus verdreht einfach alles, auch in Deutschland. Die Täter erscheinen hier als die größten Opfer. Wenn es gegen Israel geht, ob in den Universitäten oder als Mob auf der Straße, ist man sich einig. Die Mehrheit sieht sich als Minderheit. Diejenigen, die überall am meisten und am lautesten schreien, sehen sich gecancelt. Wer ihnen widerspricht, spaltet und „triggert". Und wird weggebrüllt.

Die Dialoge, die in der Welt der Kunst und des Feuilletons so dringend gefordert werden, sollen aber nur Monologe sein. Keine jüdischen Widerworte, es sei denn, es sind Juden, die dieser Mehrheit beflissen zustimmen. Alle anderen bezahlen den Preis. Wenn Juden angegriffen werden, das war schon immer so, dann ist es nicht nur ein Angriff, dann schadet es den Juden. Ja, vielleicht muss diese Woche die des kühlen Kopfes sein.

2024

Gaslighting

22. Januar 2024

17 Jahre ist es her, so lange, wie jemand braucht, um vom Säugling zu einem einigermaßen selbstständigen Menschen heranzuwachsen, dass die Amadeu Antonio Stiftung eine Ausstellung eröffnete. Sie hieß: „‚Das hat's bei uns nicht gegeben' – Antisemitismus in der DDR".

Vor ein paar Tagen wurde sie wieder gezeigt, und sie kam mir gerade jetzt besonders aktuell vor. Sie zeigt, wie Antisemitismus in der DDR aussah. Er war einfach da, wie eine alte Gewohnheit, mit der nie gebrochen wurde.

Deshalb hat man vor allem drei Dinge mit ihm gemacht. Erstens galt Antisemitismus nur als Nebenprodukt des Kapitalismus und somit im Sozialismus als abgeschafft. Zweitens wurde er, weil es ihn nun mal trotzdem gab, in neue Flaschen abgefüllt, auf deren Etikett dick und fett „Antizionismus" stand.

Und drittens – und das empfand ich als besonders aggressiv – verschwand aus der Erzählung irgendwann alles, was mit Juden zu tun hatte, selbstverständlich einschließlich des Antisemitismus. Wer etwas anderes sagte, diente dem Klassenfeind und widersprach der Idee des Antifaschismus. Zusammengenommen kann man das Gaslighting nennen, eine Verleugnung und Verdrehung von Realität und Tatsachen.

Als einem einigermaßen selbstständigen Menschen mit 17 Jahren machte mir das Gaslighting über jüdisches Leben und Sterben in der DDR sehr zu schaffen. Die Geschichte meiner Familie fand nirgendwo statt. Bis auf den jüdischen Friedhof, wo meine Großeltern lagen, gab es keine Orte oder Spuren.

Deshalb bin ich nachts ins Scheunenviertel am Berliner Alexanderplatz gefahren, dorthin, wo mein Vater aufgewachsen war. In dem Viertel lebten Juden aus Osteuropa, die meisten Chassiden, dicht gedrängt zwischen Betstuben und kleinen Geschäften.

Ich ging die Straßen entlang und suchte nach einem Zeichen. Nichts und niemand erinnerte an die 80 000 Juden hier, so als wären sie ein weiteres Mal ausgelöscht worden. Meine Suche war, wie an einem Tabu zu rühren, dessen Wesen es ist, Dinge nicht einfach nur zu verbieten, sondern ganz verschwinden zu lassen.

Damals auf die Suche zu gehen, bedeutete für mich, eine verleugnete Realität zu finden. Und schließlich fand ich die Spuren. Überpinselte hebräische Buchstaben, die jüdischen Namen des Kohlenhändlers und anderer, ein Koscher-Zeichen und einen Davidstern, der sich unter dem Putz eines Hauses abzeichnete.

Was daran heute aktuell ist? Seit dem Überfall der Hamas auf Israel am 7. Oktober zeigt sich in der antisemitischen Hysterie manches, was an sozialistische Zeiten erinnert. Ganz prominent heute: die Klassenkampftheorie. Gut und Böse sind klar verteilt. Der Westen, also Israel, ist an allem schuld und die Hamas eine Befreiungsbewegung.

Das ist Gaslighting aus Verleugnung und Verdrehung. Wer dagegen spricht, dient den bösen Unterdrückern. Wer etwas anderes sagt, betreibt Propaganda. Aus dem „Antizionismus" der DDR sprach blanker Antisemitismus. Heute wird selbst der krasseste Antisemitismus als solcher bestritten, sobald das Wort Israel im Spiel ist, denn dann scheint alles erlaubt.

Ich kann die Ausstellung auch Menschen im Westen nur empfehlen. Die ideologischen Muster, die sich über Krieg und Kalten Krieg hinweggerettet haben, sind erschreckend. Es ist Zeit, die überpinselten Zeichen an der Wand freizulegen. Antisemitismus macht Gesellschaften kaputt. Das zu leugnen, ist Gaslighting.

Hannah Arendt und der Untergang der Vernunft

18. Februar 2024

Anfang der 1980er Jahre sah der Hackesche Markt in Ostberlin noch grau, abgeblättert und heruntergekommen aus. Ich mochte den Ort. Mir gefiel das Hin und Her der Einfahrten und Höfe, die einst von kleinen Werkstätten und Händlern belebt waren. Ich lief, mit einem mauen Gefühl im Bauch und einem Paket im Rucksack, tief in die Höfe hinein. Im dritten Hof links gab es tatsächlich noch einen kleinen privaten Handwerksbetrieb, einen Buchbinder. Ich kannte ihn nur flüchtig und wusste daher, wie riskant meine Bitte an ihn war. Ich gab ihm das Paket und fragte ihn, ob er mir das wohl binden könnte. Drinnen waren, mit Gummiband zusammengehalten, die kopierten Seiten von Hannah Arendts „Elemente und Ursprünge totalitärer Herrschaft".

Das Buch war in der DDR verboten. Es zu besorgen, hatte Mut gebraucht. Einen Kopierer zu finden und dafür zu benutzen, dieses dicke Buch zu kopieren, erforderte Einfallsreichtum und war riskant. Nicht ohne Grund gab es keine Kopierer in der DDR. Ich vertraute dem Buchbinder also die Courage einer ganzen Reihe von Menschen an, die mit Hannah Arendt über das Totalitäre des Nationalsozialismus, aber eben auch des Stalinismus und der DDR nachdenken wollten. Der Buchbinder tat, als sähe er den Titel nicht, und nickte. „Ledereinband?", fragte er. Das Buch würde durch viele Hände gehen. „Ja, gern", antwortete ich und ging.

Als vor kurzem im Hamburger Bahnhof in Berlin eine Lesung ebendieses Werkes stattfand, stürmten propalästinensische Gruppen das Geschehen und brüllten die Veranstalter und die Leiterin des Jüdischen Museums Frankfurt nieder. Mit Verve schrien sie ihren Hass heraus. Es ging längst nicht mehr um Israel. Es ging um das System. Es ging um Fanatismus und Antisemitismus. Die Stimmung war aggressiv, hochideologisiert, aufgeputscht und entschlossen. Die Demokratie, die diesen Leuten ihren Hass auf alles

Jüdische herauszubrüllen erlaubte, wurde als faschistisch beschimpft. Und die ersehnte Erlösung von allem Übel lautete: „Palästina wird uns befreien." Genau das ist das Ideengebäude des Totalitarismus. Verbreitet durch die modernen Massenmedien, frei von jeglicher Vernunft und bereit, alles niederzureißen, selbst bei Strafe des eigenen Untergangs. Hier, wie in so vielen anderen Fällen der vergangenen Monate, war das Thema nicht Gaza und die Palästinenser und deren Leid, sondern Zerstörung.

Antisemitismus war schon immer die Klippe, die zu überrennen in den Abgrund führt. Der Hamburger Bahnhof steht hier symbolisch für eine internationale Kulturszene, die keinerlei Interesse an realen Konfliktlösungen hat, dafür geradezu lebensüberdrüssig korrupten Despoten und islamistischen Mördern hinterherläuft. Wenn der Drang danach, die Juden zu hassen, größer ist als das Bedürfnis, die eigenen Lebensumstände und die von Betroffenen zu verbessern, bricht sich das Totalitäre Bahn.

Ich lese heute Hannah Arendt anders, als ich es in der DDR tat. Die Welt hat sich verändert, genau wie ich selbst. Aber etwas hat sich in meine Erfahrung eingebrannt. Es war das Lächeln des Buchbinders, als er mir das eingebundene Exemplar übergab. Mit seinem Lächeln drückte er aus, dass er wusste, was es bedeutet, dieses Buch zu übergeben. Es ist das große Bedürfnis, Totalitarismus zu überwinden. Besonders, wenn es dafür den Mut von vielen braucht. Und er, im dritten Hof links, gehörte nun auch dazu.

Dickes B

17. März 2024

Über der Toreinfahrt in Auschwitz steht, in Metall geschmiedet, eine Lüge: Arbeit macht frei. Das Gegenteil war der Fall. Jener Häftling, der den Schriftzug anfertigen musste, wollte es alle wissen lassen. Also drehte er das B im Wort Arbeit um. Der untere, der dicke Bogen im B zeigt nach oben, der obere, der dünne nach unten. Hier, so zeigte es damals der mutige Schmied, hier steht die Welt auf dem Kopf.

Das Gegenteil der Wirklichkeit zu behaupten, gehörte schon immer zu den Instrumenten des Judenhasses. Der Antisemitismus selbst beruht auf Lügen. Brunnen vergiften? Kinder schlachten? Jesus ermorden? Welten destabilisieren? Vorsätzlich und böse? Und das immer wieder. Wenn das stimmt, ist es dann ein Wunder, dass die Deutschen die Juden aus Notwehr auszulöschen versuchten? Auf diesen Lügen beruhen Hass und Mord.

Und jetzt? Jetzt missbrauchen Juden und Israelis angeblich diesen einen Holocaust, um sich vor Kritik an Israel zu schützen. Weil Israel herzlos, böse und absichtsvoll die Palästinenserinnen und Palästinenser in Gaza ausrotten will? Wie bei der Oscar-Preisverleihung zu sehen war, erklären immer häufiger Ceasefire-Fans die Shoa als eine grundsätzliche jüdische Erfahrung für ungültig. Der Krieg beschmutze das Andenken an die Opfer. Dickes B.

Wenn ich das Wort Genocide wahrnehme, höre ich wieder den Vorwurf des bösartigen jüdischen Vorsatzes, der zum Fundament des Antisemitismus gehört. Und schlimmer noch: Er schützt sich vor der Kritik daran hinter der erpresserischen Erinnerung an die Shoa. Die jüdischen Opfer von damals, so heißt es weiter, würden allein durch die Existenz Israels beleidigt. Und niemand, der gegen die „israelische Regierungspolitik" sei, dürfe etwas sagen. Weil die Juden / der Zentralrat / die Politiklakaien es nicht wollten. Alles daran ist eine unverschämte und antisemitische Lüge. Dickes B!

Der Konflikt selbst wäre ganz einfach zu lösen, ginge es nach den Friedensfreunden. Die Jüdinnen und Juden bräuchten nur zu verschwinden. Aus der Region selbst und von überall, wo sie wieder Ärger machen und sich gegen Lügen und Bedrohungen wehren. Sie sollen doch einfach aufhören, Juden zu sein. Sie sollen die Klappe halten, nicht auf Widersprüche hinweisen, nicht verlangen, zwischen Bedeutung und Wahrheit unterscheiden zu können oder zwischen Moral und Ethik.

Diese Dinge sind den Ceasefire-Schreiern vollkommen egal. Sie fordern nicht von der Hamas, selbst die Waffen niederzulegen und die Geiseln freizulassen. Sie protestieren nicht gegen die Hamas, wenn die ihre eigenen Leute erschießen, weil sie Hilfsgüter wollen, statt sie von der Hamas stehlen zu lassen.

Diese in Sicherheit und Wohlstand lebenden Leute, die von all den Schrecken des Gaza-Kriegs allein das Andenken an die Opfer der Shoa beschmutzt sehen, erkennen nicht einmal sexuelle Gewalt gegenüber israelischen Frauen an. Obwohl sie von der Hamas ebenso obszön exekutiert wie dokumentiert wurde. Stattdessen verlangen sie, dass unbürokratisch – also ganz ohne Kontrollen – mehr Lastwagen mit Hilfsgütern nach Gaza gelassen werden. So, als ob noch niemals Waffen in diesen Lieferungen geschmuggelt worden wären. Oder hunderttausende Tonnen Zement für die Tunnel, in die Zivilistinnen und Zivilisten sich heute nicht flüchten dürfen. Ganz dickes B!

Nein. Arbeit macht nicht frei. Der Schrei nach Ceasefire bringt niemandem Frieden, die israelischen Frauen sind nicht selber schuld. Das Massaker vom 7. Oktober war keine revolutionäre Notwehr. Und Israel ist nicht „unser Unglück". Das B steht noch immer auf dem Kopf. Dick wie eh und je.

Den völkischen Wind im Nacken

29. April 2024

Die Krise in Ostdeutschland hat eine Vorgeschichte. Sie begann nicht erst vor etwas mehr als 30 Jahren auf dem Marktplatz von Hoyerswerda, wo mir in einer Livesendung über die Pogrome gegen Ausländer die Menge ihre völkische Gesinnung in den Nacken brüllte. Und wie befürchtet wurde sie auch für den Westen relevant: Heute steht die AfD in Hessen zum Beispiel bei über 18 % und hat ihre Stadtverordneten in Frankfurt am Main.

Seit über 30 Jahren schwanken die Projektionen auf den Osten zwischen vorsichtigem Verständnis, was wenig weiterhilft, und Selbstgerechtigkeit, was noch weniger weiterhilft. Besonders aber ist mir eine andere Perspektive suspekt, die den Osten als besonders authentisch, als Opfer westdeutscher Kolonisierung oder gar als antiwestliche Alternative sieht einschließlich der traditionellen Freundschaft mit Russland. Oder, was noch unwirklicher ist, als nostalgische Sehnsucht nach einer Gesellschaft vermeintlich Gleicher. Alle Sichtweisen übersehen die Realitäten des völkischen Bodensatzes. Gewiss, es gibt ihn auch im Westen – wie auch nicht? Doch die Duldung, das Zurückweichen, die Diffamierung von Opfern und ihren Unterstützern in Schule, Kommune, im Netz oder auf der Straße lässt sich so wie im Osten im Westen kaum vorstellen.

Hass und Bedrohungen gehören zu meinem Alltag. Als Frau, als Ostdeutsche, als Jüdin, als Nestbeschmutzerin. Dabei argumentieren meine Hater auch mit meiner Stasi-Vergangenheit. Ich ließ mich im Alter von 19 Jahren anwerben, für einige Jahre als IM tätig zu sein, und beendete das Anfang der 1980er Jahre. Das hatte für mich Konsequenzen. Dass ich mich überhaupt darauf einließ, ist schlimm genug und mich damit zu konfrontieren auch legitim – Hass und Morddrohungen sind es sicher nicht. Dabei ignorieren die Kahane-Basher meinen aktiven Ausstieg, und vor allem bestreiten sie die Lernkurve, die ich seither machen musste. Sie war für mich besonders hart, weil ich nicht zur Tätergeneration gehörte, sondern mich als Kind jüdischer Widerstandskämpfer mit den Hoffnungen meiner Eltern verwoben fühlte. Mit ihrem Antifaschismus in Konflikt zu geraten, war doppelt schwer. Aber irgendwann belastete mich das Verleugnen von Rassismus und Antisemitismus in der DDR mehr, als ich mich durch die Geschichte meiner Familie an diesen Staat gebunden fühlte.

Wenn ich beobachte, wie erfolgreich die Opfererzählungen mancher Ostdeutscher heute sind, wie groß die allgemeine Empathie mit ihnen, beschleicht mich ein seltsames Gefühl. Wäre ich dabeigeblieben, hätte mich nicht gegen Stasi, Rassismus und Antisemitismus exponiert, wäre ich nicht als „Nestbeschmutzerin" aufgetreten, dann hätte ich ein Buch schreiben können, wie alles doch nicht so verkehrt war, weshalb die Stasi dazugehörte und wie schlimm den Ostdeutschen heute mitgespielt wird. Beiträge dieser Art erfahren derzeit viel Beifall. Doch will man den? Ich sicher nicht, die Lernkurve ist mir wichtiger.

Da sind mehr Plätze, auf denen wir werden stehen müssen und dagegenhalten, trotz des völkischen Winds im Nacken. Trotz der Anfeindungen. Und je mehr wir sind, desto besser.

New York bleibt meine Liebe

12. Mai 2024

Für mich war es Liebe auf den ersten Blick. New York City ist meine Stadt. Ich kenne ihre Schönheit, ihre Abgründe und all die verborgenen Orte, wo man Leute trifft oder gut essen gehen kann. Jede Nachbarschaft ist anders, jede U-Bahn-Station eine eigene Welt. Fährt man per Subway durch die Stadt, ist es wie eine Weltreise. Und: In New York leben sehr viele Juden.

Für mich wie für andere Juden in der Diaspora hat New York eine große Bedeutung, denn es enthält ein Versprechen. Es ist möglich, eine unter anderen Communitys zu sein und friedlich zusammenzuleben. Nicht immer läuft immer alles gut. Doch feiern auch nichtjüdische Kinder Purim und ziehen verkleidet durch die Straßen. Die New Yorker Umgangssprache ist voller jiddischer Wörter, jüdischer Humor prägt die Menschen. New York – der Ort, an dem sich Juden nicht verstecken müssen.

In den letzten Wochen hörte sich das anders an. An Universitäten protestierten Studierende gegen Israel. Gegen Benjamin Netanjahu zu sein und seine rechtsradikalen Kumpels, sollte zum guten Ton in der Demokratie gehören. Unis sind der klassische Ort für Proteste. Auch gegen das israelische Vorgehen in Gaza.

Doch was hier abging, war heftig. Unter antisemitischem Geschrei wurden jüdische Studierende nicht aufs Gelände gelassen, laute Sympathien mit der Hamas gehörten dazu sowie Forderungen nach der Auslöschung des jüdischen Staates, nach der Deportation aller Juden. Die Protestierenden übertrafen sich gegenseitig in ihren Tiraden. Das überschritt die Grenze zwischen Redefreiheit und Hatespeech. Die Camps wurden geräumt, doch der Protest hält an.

Einer meiner New Yorker Freunde erzählte mir, seine Tochter würde Joe Biden nicht wählen, weil er zu unkritisch mit Israel sei. Die junge Frau ist bereit, so Donald Trump wieder an die Macht zu lassen. Sie nimmt damit das Leid von Flüchtenden an der Grenze zwischen den USA und Mexiko in Kauf. Die Verarmten, Kranken, die Ukrainerinnen und Ukrainer, denen unter Trump das Schlimmste droht und der damit nur die Reichen schützen will, sind ihr egal. Demokratie und die Gewaltenteilung auch, wenn es nur gegen Israel geht.

Dass den Palästinenserinnen und Palästinensern mit Trump auch nicht geholfen ist, interessiert sie nicht. So bleiben die Palästinenser Objekte von militanten Islamisten und verwöhnten New Yorker Kids, die nicht einmal wissen, wo „From the River to the Sea" eigentlich liegt.

Das ist das Problem mit der antiimperialistischen Ideologie. Wladimir Iljitsch Lenin war schon der Auffassung, dass jeder noch so grausame Despot ein guter Verbündeter sei, wenn es gegen den Westen geht. Egal, was es die „Massen" koste. Diese alten leninistisch-stalinistischen Denkmuster graben sich ein. Heute ist die Summe aus Postkolonialismus plus Antiimperialismus, was einst August Bebel formulierte – der Antisemitismus als Sozialismus der „dummen Kerls".

Andere Freunde beruhigten mich. New York hat sich nicht verändert. Die schmalen Milieus derer, die vom Israelhass befallen sind, mögen gerade sehr laut sein und sich für Israel wünschen, was sie als verwöhnte Kids niemals selbst ertragen könnten, egal ob jüdisch oder nicht.

Doch sie bleiben eine Randerscheinung in dieser jüdisch geprägten Stadt. Bei den U-Bahn-Fahrten zwischen den vielen Welten spielen sie keine Rolle. Ich hoffe, dass New York meine Liebe bleibt, mit seinen Abgründen und Schönheiten und meinen wunderbaren Freunden dort.

Epilog

20. Mai 2024

Die Verzweiflung der drei Rabbiner im Angesicht der Asche des zerstörten Ghettos von Vilnius hätte am Ende auch eine andere Wendung nehmen können.

Ihr heftiger Streit darüber, ob G'tt existieren könne, da er solche Grausamkeit gegen Abertausende jüdische Frauen, Männer und Kinder zugelassen hatte, zog sich über Stunden hin. Trauer und Zorn verzehrten sie, bis sie erschöpft verstummten. Stille legte sich über den Ort, als ob nie wieder ein lebendiger Ton an die Ohren der drei Rabbiner würde dringen können. Doch dann schüttelte einer von ihnen mit dem Kopf. Mit einem leisen, bestimmten „Nein" beendete er die Taubheit des Moments. Nein, nicht G'tt hat die Menschen ermordet. Nicht G'tt wollte die Juden ausrotten. Es waren die Mörder. Sie waren es, die lebendige Menschen erschlagen, erschossen und geschändet haben.

G'tt hat uns Menschen das Gesetz gegeben. Die Gebote und die Thora sind die heiligen Regeln für alle. Das ist sein Geschenk an die Menschheit. Denn das Gesetz macht uns zu Gleichen unter Gleichen. Es befreit uns aus der Unmündigkeit. Das Gesetz und nicht Schicksal oder ein fremder Wille fordert jeden Einzelnen auf, für Gerechtigkeit in der Welt zu sorgen.

Wir weinen um die Toten und zürnen den Verdammten, die das Gesetz nicht sehen, fuhr der zweite Rabbiner fort. Es ist G'ttes Werk, uns die Fähigkeit gegeben zu haben, den Unterschied zwischen Recht und Unrecht zu erkennen, und das Gesetz ist der Maßstab dafür. Doch das hier ist allein das Werk von Menschen.

Selbst wenn es keinen G'tt gäbe, ergänzte der dritte Rabbiner, so bleibt das Gesetz. Wir Menschen haben die Freiheit zu entscheiden – egal, wer uns das Gesetz anvertraut hat. Niemand sonst wird es an ihrer Stelle tun.

Diese Erkenntnis machte den Moment für die drei Rabbiner nicht leichter. Ob mit oder ohne G'tt, es ist nun an uns, sagte einer von ihnen. Und als die ersten Sonnenstrahlen über dem Horizont erschienen, begannen sie mit dem Morgengebet. Für die Hoffnung, dass nie wieder Menschen anderen Menschen so etwas antun würden. Das versprachen sie einander. Für den Tag nach der Trauer.

Dank

Man sollte es nicht glauben, selbst das kleinste Buch hat viele Eltern. An dieser Stelle möchte ich mich bei allen bedanken, die hier mitgewirkt haben. Zuallererst: Die Kolumnen durften hier mit freundlicher Genehmigung des Berliner Verlags und der Frankfurter Rundschau sowie von Belltower.News erscheinen. Martin Jander und Britta Kollberg ermutigten mich immer wieder. Außerdem haben sie an Konzept und Redaktion einen wesentlichen Anteil. André Kahane danke ich herzlich für die Titelgrafik. Unterstützt wurde die Produktion zudem von Anna Brausam und gefördert von Luise Hirsch, Thomas Plieninger, Ida Schildhauer sowie durch die K.S. Fischer-Stiftung, die Amadeu Antonio Stiftung und die RAAs in Berlin, Brandenburg, Hoyerswerda, Mecklenburg-Vorpommern und Sachsen. Ihnen allen gilt mein großer Dank.

Anetta Kahane

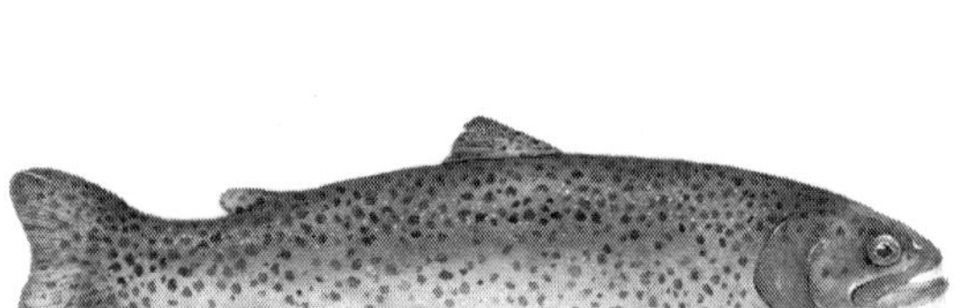